世界传世经典阅读吧

卢梭的忏悔

张秀章　解灵芝　编

吉林人民出版社

图书在版编目(CIP)数据

卢梭的忏悔 / 张秀章, 解灵芝编. -- 长春：吉林人民出版社, 2012.4
（世界传世经典阅读吧）
ISBN 978-7-206-08745-5

Ⅰ.①卢… Ⅱ.①张…②解… Ⅲ.①卢梭，J.J.(1712～1778)–语录 Ⅳ.①B565.26

中国版本图书馆CIP数据核字(2012)第068103号

卢梭的忏悔
LUSUO DE CHANHUI

编　　者：张秀章　解灵芝
责任编辑：王　丹　　　　　封面设计：七　洱
吉林人民出版社出版 发行（长春市人民大街7548号　邮政编码：130022）
印　　刷：北京市一鑫印务有限公司
开　　本：670mm×950mm　1/16
印　　张：13.5　　　　　　字　　数：160千字
标准书号：ISBN 978-7-206-08745-5
版　　次：2012年4月第1版　　印　　次：2021年8月第2次印刷
定　　价：48.00元

如发现印装质量问题，影响阅读，请与出版社联系调换。

目 录

爱国·爱心 ………………………………… 1
人生·荣辱 ………………………………… 9
道德·修养 ………………………………… 26
读书·学习 ………………………………… 43
自省·警戒 ………………………………… 53
文学·艺术 ………………………………… 66
友谊·爱情 ………………………………… 84
婚姻·家庭 ………………………………… 118
美育·康乐 ………………………………… 132
真理·谎言 ………………………………… 135
宗教·信仰 ………………………………… 143
政治·经济 ………………………………… 146
科学·教育 ………………………………… 166
法律·规范 ………………………………… 176
平等·自由 ………………………………… 188
人类·自然 ………………………………… 201
卢梭年谱 ………………………………… 206

爱国·爱心

　　我们认为一个不幸的人有多么可怜，我们才对他表示多大的同情。我们在肉体上对我们的痛苦的感觉，比我们想象的要小一些；由于记忆力使我们觉得我们的痛苦在继续，由于想象力可以把它们延期到将来，因此，才使我们真正有所同情。虽然共同的感觉应当使我们对事物一视同仁，然而我们为什么对它们的痛苦就不如对人的病痛那样关心？我想其原因之一就在于此。一个人是不可怜他所养的拉车的马的，因为他不去揣测它在吃草的时候是不是会想到它所挨的鞭子和未来的疲劳。我们虽然知道那只在牧场上吃草的羊不久就要被人们吃掉，我们也不可怜它，因为我们知道它是不会料想它的命运的。推而广之，我们村人的命运也是这样心狠的。有钱的人使穷人遭受了种种痛苦，然而由于他们以为穷人竟愚蠢到不知道痛苦的来由，所以也就以这一点来安慰自己的良心。一般地说，我在评价每一个人对他的同伴的福利所做的种种事情时，要以他用怎样的眼光去看待他们为标准。一个人当然是不会把他所轻视的人的幸福放在眼里的。所以，当你看到政治家谈到人民就表现得那样轻蔑，当你看到大多数哲学家硬要把人类说得那样坏的时候，你用不着那么吃惊。

《去爱人类》

是人民构成人类，不属于人民的人就没有什么价值，所以用不着把他算在数内。各种等级的人都是一样的，如果承认这一点的话，则人数最多的等级就最值得我们尊敬。在有思想的人的面前，所有一切社会地位的差别都不存在。他认为小人物和大人物的欲念和感觉都是一样的，所不同的只是他们的语言，只是他们或多或少做作出来的外表；如果在他们之间果真有什么重大的差别的话，这种差别就在于装模作样的人特别虚伪。人民是表里一致的，所以不为人所喜欢；上流社会的人物必须要戴一副假面具，否则，如果他们是怎样的人就表现怎样的面目的话，那会使人十分害怕的。

《去爱人类》

我们之所以爱一个人，是由于我们认为那个人具有我们所尊重的品质。

《爱弥儿》

人之所以合群，是由于他的身体柔弱；我们之所以心爱人类，是由于我们有共同的苦难；如果我们不是人，我们对人类就没有任何责任了。对人的依赖，就是力量不足的表征。如果每一个人都不需要别人的帮助，我们就根本不想同别人联合了。所以，从我们的弱点的本身中反而产生了微小的幸福。一个孤独的人才是真正幸福的人，唯有上帝才享受了绝对的幸福；不过，我们当中谁知道这种幸福是什么样的呢？一个力量不足的人即使自己能够满足自己的需要，照我们想来，有什么乐趣可说呢？也许他将成为一个孤孤单单、忧忧郁郁的人。我认为，没有任何需要的人是不可能对什么东西表示喜爱的，我想象不出对什么都不喜爱的人怎么能过幸福愉快的生活。

　　我们之所以爱我们的同类，与其说是由于我们感到了他们的快乐，不如说是由于我们感到了他们的痛苦；因为在痛苦中，我们才能更好地看出我们天性的一致，看出他们对我们的爱的保证。如果我们的共同的需要能通过利益把我们联系在一起，则我们的共同的苦难可通过感情把我们联系在一起。一个幸福的人的面孔，将引起别人对他的妒忌，而不会引起别人对他的爱慕。我们将诉说他之所以过得格外舒服，是因为他窃取了他不应当享受的权利；同时，就我们的自私心来说，是更加感到痛苦的，因为它使我们觉得这个人已不再需要我们了。但是，有哪一个人看见别人遭受苦难而不同情

卢梭的忏悔

的呢？如果从心愿上说，谁不想把他从苦难中解救出来呢？我们的心将使我们设身处地地想象自己就是那个受苦的人，而不会把自己想象为那个幸福的人。

《去爱人类》

如果按照柏拉图的说法，天性上的国王本来就是极其罕见的人物，那么天性与幸运两者能汇合在一起而把王冠加在他的头上，那就更该是多么地罕见。而且，如果皇室的教育必然会腐蚀接受这种教育的人的话，那么对于那一系列培养出来就是为了治国的人们，我们还能期望什么呢？因此，把皇室政府与一个好国王的政府混为一谈的，就只好是自欺欺人罢了。为了能看清楚这种政府的本身究竟如何，就必须要考虑到昏庸无道的君主治下的政府，因为这些君主们即位时就是昏庸无道的，否则就是王位使得他们昏庸无道的。

《社会契约论》

一个小孩子是自然而然地对人亲热的，因为他觉得所有接近他的人都是来帮助他的，而且由这种认识中还养成了爱他的同类的习惯；但是，随着他的利害、他的需要、他主动或被动依赖别人的时候愈来愈多，他就开始意识到他同别人的关系，并且还进而意识到他的天职和他的好恶。这时候，孩子就变得性情傲慢、妒忌，喜欢骗人和报复人了。当我们要他照我们的话去做的时候，由于他看不出我们叫他做的事情的用处，他因而就会认为我们是在任性了，是有意折磨他，所以他就要起来反抗。如果我们一向是迁就他的，那么，只要在什么事情上违反了他的心意，他就要认为我们是在反叛他，是存心抗拒他，他就要因为我们不服从他而拍桌子打板凳地大发脾气。

《欲念与自爱》

如果孩子们在平等的环境中长大，如果他们受尽国家法和普选意志的熏陶，如果他们受到这些高于一切的教育，如果他们周围都是这样的榜样，能使他们记住养育他们的母亲的温情，她的爱，对他们不可估量的恩惠，他们欠她的情分，无疑，他们将像兄弟一样彼此相爱，不做与社会意志相违背的事情，不用数不尽的虚荣诡辩的口沫取代一个男子汉、一个公民的行功，从而成为祖国的保卫者和父亲，他许久以来一直是祖国之子。

《政治经济学》

只要有人谈到国家大事时说："这和我有什么相干？"我们可以料定国家就算完了。

《社会契约论》

卢梭的忏悔

我们希望人们有道德吗？让他们从爱国做起吧。但是，如果他们的国家待他们如陌路人，不给他们任何利益，他们怎能爱国？

《政治经济学》

为了保持我们的生存，我们必须爱自己，爱自己要胜过爱其他一切的东西，从这种情感中将直接产生这样一个结果，我们也同时爱保持我们生存的人。所有的儿童都爱他们乳母（罗谬拉斯传说中的罗马的创建者，据说，是一只母狼在一条破船中找到的被人遗弃的婴儿，衔回狼窝去以狼乳养大的。——编者注）；也一定是爱那只曾经用乳汁哺育过他的狼的。起初，这种爱纯粹是无意识的。谁有助于我们的幸福，我们就喜欢他；谁给我们带来损害，我们就憎恨他，在这里完全是盲目的本能在起作用，使这种本能变为情感，使依依不舍之情变为爱，使厌恶变为憎恨的，是对方所表示的有害于或有益于我们生存的意图。感觉迟钝的人，只有在我们刺激他们的时候，他们才跟着动一动，所以我们对他们是没有爱憎之感的；可是有些人，出了内心的癖性，由于他们的意志，因而对我们可能带来益处或害处，所以，当我们看见他们在倾其全力帮助或损害我们的时候，我们也会对他们表示他们向我们所表示的那种情感的。谁在帮助我们，我们就要去寻找他；谁喜欢帮助我们，我们就爱他；

谁在损害我们，我们就逃避他；谁企图损害我们，我们就恨他。

《欲念与自爱》

小孩子的第一个情感是爱他自己，而从这第一个情感产生出来的第二个情感，就是爱那些同他亲近的人，因为，在他目前所处的幼弱状态中，他对人的认识完全是根据那个人给予他的帮助和关心。起初，他对他的乳母和保姆所表示的那种依依之情，只不过是习惯。他寻找她们，因为他需要她们，找到她们就可以得到益处。这是常识而不是亲热的情意。需要经过很多的时间之后，他才知道她们不仅对他有用处，而且还很喜欢帮助他；只有到这个时候，他才开始爱她们。

《欲念与自爱》

格劳秀斯说，人民可以把自己奉送给一位国王。然而，按照格劳秀斯所说，在把自己奉送给国王之前，人民就已经是人民了。这一奉送行为的本身就是一种政治行为，它假设有一种公共的意愿。因此，在考察人民选出一位国王这一行为以前，最好还是先考察一下人民是通过什么行为而成为人民的。因为后一行为必然先于前一行为，所以它是社会的真正基础。

《社会契约论》

卢梭的忏悔

国王总是想使自己成为绝对的，人们遥遥地向他们呼吁：做一个绝对的国王的最好的办法，就是使自己受人民的爱戴。这条准则是非常之美好的，而且在某些方面甚至于还是非常真实的。然而不幸，这条准则在宫廷里却受尽了人们的嘲弄。由于受人民的爱戴而得到的权力，无疑的是最大的权力；但它却是不稳定的而又是有条件的，君主们永远也不会以此为满足。就连最好的国王也都想能为所欲为，却又并不妨碍他自己依然是主子。一个政治说教者很可以向国王说，人民的力量就是国的力量，所以国王的最大利益就在于人民能够繁荣、宫殿、力量强大。然而国王很明白这些都不是真话。国王的私人利益首先就在于人民是软弱的、贫困的，并且永远不能够抗拒国王。我承认，假如民众是完全服从的话，那么这时候君主的利益也还是要使人民能够强大有力，为的是这种力量既然归自己所有，也就能够使自己威震四邻。

《社会契约论》

要使一个君主制的国家能够治理得好，则它的人口或者说它的面积，就必须依统治者的能力来定。征服一个国家要比治理一个国家容易得多。

《社会契约论》

人生·荣辱

这时,我的健康不但一点没有恢复,反倒眼看着一天天坏下去。那时,我苍白得像个死人,瘦得像副骷髅,脉搏跳得很厉害,心跳的次数也更加频繁,并只经常感到呼吸困难。我甚至衰弱到连动一动都觉得很吃力,走快点就喘不过气来,一低头就发晕,连最轻的东西也搬不动;像我这样一个好动的人,身体竟坏到什么也干不了,真是最大的苦恼。无疑,所有这些情况在很大程度上是掺杂有神经过敏的原因。神经过敏症乃是幸福的人常得的一种病,这也正是我的病:我常常无缘无故地流泪,树叶的沙沙声或一只鸟的叫声往往会把我吓一大跳,在安适的宁静生活中情绪也不平静。所有这一切都表明我对舒适生活的厌倦心情,使我多愁善感到不可思议的地步。我们生来本不足为了在世界享受幸福的;灵魂与肉体,如果不是二者同时在受苦,其中必有一个在受苦。这一个的良好状态差不多总会对那一个有所不利。当我能够很快地享受人生乐趣的时候,我那日渐衰弱的身体既不允许

卢梭的忏悔

我享受，而且谁也说不出我的疾病的真正原因所在。后来，虽然我已届晚年，并且患有真正严重的疾病，我的身体却好像恢复了它原有的力量，以便更好地经受自己的种种灾难。现在，在我写这本书的时候，我这个将近六十岁的名人，正受着各种病痛的折磨，身体已经衰弱不堪，我却觉得在我这受苦的晚年，自己的体力和精神倒比在真正幸福的青春时代更有活力和更为充沛。

《忏悔录》

我的全部才华都来自对我要处理的题材的热爱伟大、对真、对美的爱，才能激发我的天才。

《忏悔录》

爱惜才华吧，保护那些才华修美的人物吧，文明的民族啊，培养他们吧。

《科学与艺术》

我第一篇文章的成功使我所下的这个决心更易于实现了。文章一得奖，狄德罗就负责叫人把它印了出来。我还卧病在床的时候，他就写了短函，报告我文章出版的情况和它所产生的效果。短函里说："真是直冲九霄，这样的成功还没有前例呢。"这种社会大众的赏识绝不是钻营得来，而且又是对一个无名作者，这就使我对自己的才能有了第一次真正的自信。我对自己的才能，直到那时为止，尽管内心里有所感觉，总还是有些怀疑。我立刻看出，利用这个成功，对于我正准备执行的那个独立生活的计划，将是大有助益的；我想，一个在文坛上有点名声的诗人，工作大概是不会缺乏的。

《忏悔录》

说到才能，我的看法是，对一个有才能的人，知识会使他们更完善、更强大；而对缺乏才能的人，学习只会更多地剥夺他的理智，使之成为一个平庸的、无才智的、迂腐的蠢人。

《论文学》

在这些往还酬酢之中，我继续保持独自散步的爱好和习惯，我常在湖岸作相当远的漫步，在这些漫步当中，我那劳动惯了的脑子总是没有闲的时候。我琢磨着我已经订好的《政治制度论》一书的纲要——不久我就要谈到这部书；我又思考一部《瓦莱地方志》和一篇散文悲剧的大纲——这篇悲剧的主题是柳克丽希亚，虽然我是在这不幸的女子已不能在法国戏剧中出现的时候大着胆子再让她在舞台上出现，我仍然存着希望，压垮那些敢于嘲笑我的人们。我同时又拿塔西陀来试手，把他的历史第一卷译了出来，译文现在收在我的文稿之中。

《忏悔录》

我觉得命运似乎欠了我一点什么东西。既然使我生而具有许多卓绝的才能，而又让这些才能始终无所施展，这又何苦来呢？我对我的内在价值有所意识，它一面使我感到受到不公正的贬低，一面又在一定程度上抵消了这种感觉，并使我潸然泪下，而我生平就是喜欢让眼泪尽情倾泻的。

《忏悔录》

人要是惧怕痛苦，惧怕种种疾病，惧怕不测的事件，惧怕生命的危险和死亡，他就会什么也不能忍受的。

《忏悔录》

我们的种种欲念的发源，所有一切欲念的本源，唯一同人一起产生而且终生不离的根本欲念，是自爱。它是原始的、内在的、先于其他一切欲念的欲念，而且，从一种意义上说，一切其他的欲念只不过是它的演变。从这个意义上说，要是你愿意的话，就可以说，所有的欲念都是自然的。但是，大部分的演变都是有外因的，没有外因，这些演变就绝不会发生，这些演变不仅对我们没有好处，而且还有害处，它们改变了最初的目的，违反了它们的原理。人就是这样脱离自然，同自己相矛盾的。

　　自爱始终是很好的，始终是符合自然的秩序的。由于每一个人对保存自己负有特殊的责任，因此，我们第一个最重要的责任就是而且应当是不断地关心我们的生命。如果他对生命没有最大的兴趣，他怎么去关心它呢？

《欲念与自爱》

　　我的那些充当保护人的朋友拼命要支配我的命运，不由分说地要把我置于他们的所谓恩惠的奴役之下，真叫我厌恶透了，我决计从此只要以善意相待的交情，这种交情并不妨碍自我，却构成人生的乐趣，同时有平等精神作为基础。像这样的交情，我当时是很多的，足以使我尝到相互交往的甜美滋味，而又不感到受人支配之苦；我一尝到这种生活的滋味，便立刻感到它确实适合我这样的年龄，可以使我在宁静中改过余生，远离不久前使我险遭灭顶的风暴、争吵和烦恼。

《忏悔录》

　　这些我很清楚地预见到了：幸福的时刻像闪电般过去了；不幸的时刻已开始，没有人能帮我判断它何时结束。一切使我惊慌和丧

卢梭的忏悔

气；一股致命的郁闷之气袭击着我的心灵；想哭泣而没有明确的原因，眼泪却不由自主地夺眶而出。我看不出未来有什么不可避免的灾祸；我心里抱着希望，但希望却越来越渺茫。唉！树从根上被砍断了，树叶上浇水还有什么用呢？

《别离的痛苦》

啊！只有来自你的打击我是无法忍受的，看到那应该使我感到安慰的人却加重了我的痛苦，这对我是可怕的。我期望着多少甜蜜的慰藉，却连同你的勇敢一同烟消云散了！我有多少次指望你的力量将鼓舞我不致颓丧下去，你的优点将抹掉我的过失，你的德行将重振我疲惫的心灵！

《别离的痛苦》

我们不可能知道绝对的幸福或绝对的痛苦是什么样子，它在人生中全都混杂在一起了；我们在其中领略不到纯粹的感觉，不能在同一种情况下感受两种不同的时刻。正如我们的身体在变化一样，我们的心灵的情感也在不断地变化。人人都有幸福和痛苦，只不过是程度不同而已。谁遭受的痛苦最少，谁就是最幸福的人；谁感受的快乐最少，谁就是最可怜的人。痛苦总是多于快乐，这是我们大家共有的差别。在这个世界上，对于人的幸福只能消极地看待，其评量的标准是：痛苦少的人就应当算是幸福的人了。

一切痛苦的感觉都是同摆脱痛苦的愿望分不开的，一切快乐的观念都是同享受快乐的愿望分不开的，因此，一切愿望都意味着缺乏快乐，而一感到缺乏快乐，就会感到痛苦，所以，我们的痛苦正是产生于我们的愿望和能力的不相称。

《痛苦与幸福》

那么人的聪明智慧或真正的幸福之路在哪里呢？正确说来，它不在于减少我们的欲望，因为，如果我们的欲望少于我们的能力，则我们的能力就有一部分闲着不能运用，我们就不能完全享受我们的存在；它也不在于扩大我们的能力，因为，如果我们的欲望也同样按照更大的比例增加的话，那我们只会更加痛苦。因此，问题在于减少那些超过我们能力的欲望，在于使能力和意志两者之间得到充分的平衡。所以，只有在一切力量都得到运用的时候，心灵才能保持宁静，人的生活才能纳入条理。

《痛苦与幸福》

我们说人是柔弱的，这是什么意思呢？"柔弱"这个词指的是一种关系，指我们用它来表达的生存的关系。凡是体力超过其需要的，即使是一只昆虫，也是很强的；凡是需要超过其体力的，即使是一

卢梭的忏悔

只象、一只狮子,或者是一个战胜者、一个英雄、一个神,也是很弱的。不了解自己的天性而任意蛮干的天使,比按照自己的天性和平安详地生活的快乐的凡人还弱。对自己现在的力量感到满足的人,就是强者;如果想超出人的力量行事,就会变得很柔弱。因此,不要以为扩大了你的官能,就可以增大你的体力;如果你的骄傲心大过了你的体力的话,反而会使你的体力减少。我们要量一量我们的活动范围,我们要像蜘蛛在网子的中央似地待在那个范围的中央,这样,我们就始终能满足我们自己的需要,就会抱怨我们的柔弱,因为我们根本没有柔弱的感觉。

一切动物都只有保存它自己所必需的能力,唯有人的能力才有多余的。可是,正因为他有多余的能力,才使他遭遇了种种不幸,这岂不是一件怪事?在各个地方,一个人的双手生产的物资都超过他自己的需要。如果他相当贤明,不计较是不是有多余,则他就会始终觉得他的需要是满足了的,因为他根本不想有太多的东西。法沃兰说:"巨大的需要产生于巨大的财富,而且,一个人如果想获得他所缺少的东西,最好的办法还是把他已有的东西都加以舍弃。"正是由于我们力图增加我们的幸福,才使我们的幸福变成了痛苦。一个人只要能够生活就感到满足的话,他就会生活得很愉快,从而也生活得很善良,因为,做坏事对他有什么好处呢?

《痛苦与幸福》

远虑，使我们不停地做我们力不能及的事情，使我们日常向往我们永远达不到的地方，这样的远虑正是我们种种损苦的真正根源。像人这样短暂的一生，竟时刻向往如此渺茫的未来，而轻视可靠的现在，简直是发了病！这种发疯的做法之所以更有害，是因为它将随着人的年龄而日益增多，老年人时刻都是那样地猜疑、忧愁和吝啬，宁愿今天节约一切而不愿百年之后缺少那些多余的东西。因此，我们现在要掌握一切，把一切都抓在手里；对我们每一个人来说，重要的是一切现有的和特有的时间、地方、人和东西；我们的个体只不过是我们自己的最小的部分。我们可以说，我们每一个人都扩展到了整个的世界，在整个大地上都感觉到了自己。在别人可以伤害我们的地方，我们的痛苦就因而增加这有什么奇怪呢？有多少君王由于失去了他们从未见过的土地而感到悲伤啊！有多少商人只因想插足印度而在巴黎叫喊啊！

《痛苦与幸福》

另外有一些更可怕的，没有适当方法可以防御的敌人，那就是幼弱、衰老和各种疾病等天然缺陷。这些都是人类的弱点的悲惨表征，其中前两种是各种动物所共有的，而最后一种主要是在社会中生活的人所具有的。关于幼弱问题，我曾观察到，在人类中母亲无论到什么地方都可以携带她的幼儿，因此她喂养幼儿，就比起必须忍受疲劳不停地牢牢拴住，一面寻找食物，一面哺乳或喂养幼儿的许多母亲便利得多了。固然，如果母亲一旦死亡，孩子便很有跟着死亡的可能，但是这种危险，是其他无效种类的动物所共有的。因为这些动物的幼小在长时期内不能自己寻觅食物；而人类的幼弱时期虽然较长，但生命也比较长，因此，在这一点上，人和其他动物差不多是相等的，虽然在幼年发育期的长短上、幼儿数目的多寡上，还存在着别的规律，但这不是我所要研究的问题。在老年人方面，他们活动和出汗的机会都减少了，食物的需要也随着寻找食物的能人而减少。由于他们所过的野蛮生活，使他们不会得风湿病和关节炎，而衰老又是一切痛苦中人类最无力解除的一种痛苦，因此，老人们终于无声无息地进去，不但别人不会注意到他们的生命的结束，就连他们自己也不会意识到自己的死亡。

《论人类不平等的起源和基础》

只要风俗一旦确立，偏见一旦生根，再想加以改造就是一件危险而徒劳的事情了。

《社会契约论》

人们可以设想，一个儿童在平常生活里性情温顺，但在激情奋发的时候却是那样激烈、高傲而不可驯服。他一向听从理智的支配，日常所受到的都是温柔、公正、亲切的待遇，在他心里连公正这个观念都没有，可是现在恰恰受到了他所爱和最尊敬的人们方面的第一次不公正的磨难。当时，他的思想该是多么混乱！他的感情该是多么复杂！在他的心里，在他的脑海中，在他那整个小小生灵的精神和理智里又该是多么天翻地覆的变化！

《忏悔录》

奢侈的必然后果——风化的解体——反过来又引起了趣味的腐化。

《论科学和艺术》

重要的是，开头就要习惯于在不好的地方也能睡觉，这是以后不怕遇到坏床的办法。一般地说，艰苦的生活一经变成了习惯，就会使愉快的感觉大为增加，而舒适的生活将来是会带来无限的烦恼的。

《爱弥儿》

生活得最有意义的人，并不就是年岁活得最大的人，而是对生活最有感受的人。

《爱弥儿》

卢梭的忏悔

在所有一切有益人类的事业中，首要的一年，即教育人的事业。

《爱弥儿》

死亡对于恶人来说是生命的结束，然而对正直的人来说却是生命的开始。

《爱弥儿》

人是生而自由的，但却无所不在枷锁之中。自以为是其他一切的主人的人，反而比其他一切更是奴隶。

《社会契约论》

在人的习俗中，尽是些荒唐和矛盾的事情。我们的生命愈失去它的价值，我们对它愈觉忧虑。老年人比年轻人对它更感到依恋，他们舍不得抛弃为享受而做的种种准备；到了60岁还没有开始过快乐的生活就死了的话，那的确是很痛心的。人人都非常爱护自己的生命，这是事实，但是，大家不明白，像我们所意识的这种爱，大部分是人为的。从天性上说，人只是在有能力采取保存生命的办法的时候，他才对生命感到担忧；一旦没有办法，他也就心情宁静，也就不会在死的时候有许多无谓的烦恼。

《痛苦与幸福》

人并非生来就一定能做帝王、贵族、显贵或富翁的，所有的人生来都是赤条条地一无所有的，任何人都要遭遇人生的苦难、忧虑、疾病、匮乏以及各种各样的痛苦，最后，任何人都是注定要死亡的。做人的真正意义正是在这里，没有哪一个人能够免掉这些遭遇。因此，我们开始的时候，就要从同人的天性不可分离的东西，真正构成人性的东西，着手进行我们的研究。

《去爱人类》

有些人的幸福生活，例如农民的田园生活，使我们的心为之感动。看见那些忠厚的幸福的人，我们的心都着迷了，在我们的这种感觉中是一点妒忌的恶意都没有的，我们真实地喜欢他们。为什么会这样呢？因为我们觉得我们能够降低我们的地位，去过这种安宁纯朴的生活，去享受他们那种幸福。只要愿望能见诸实行的话，这倒不失为一个使人心思愉快的可行的办法。当我们的眼睛看见自己的富源，当我们的心想到自己的财产的时候，即使我们不去享受，我们的心里也总是很高兴的。

《去爱人类》

在教别人音乐的过程中，我也不知不觉地学了音乐。我的生活十分舒适，一个通达事理的人对此会感到满足的；但是，我那不安静的心却要求着别的东西。星期日或其他闲暇的日子，我常跑到野外和附近的树林里去，不停地在那里徘徊、冥想和叹息。只要一出城，准得到晚上才能回来。

《忏悔录》

我一生中的短暂的幸福就是从这里开始的，使我有权利说我不曾虚废此生的那些恬静的但迅即逝去的时光，就是这时开始的。宝贵而令人留恋的时光呀！请再为我开始一次你们那可爱的历程吧；如果可能的话，请在我的回忆里走得慢一些，虽然实际上你们都是那样飞快地过去了。怎样才能把这段动人而单纯的记述按我的意愿写得很长呢？怎样才能把同样的事情反复重述，却不叫读者和我自己都感到厌烦呢？再说，如果这一切都是具体的事实、行为和言谈，我还能够描写，还能用某种方式把它们表达出来；但是，如果这既没有说过，也没有做过，甚至连想都没有想过，而只是感受过和体验过，连我自己除了这种感觉本身以外，也说不出使我感到幸福的其他原因，又怎么能够叙述呢？黎明即起，我感到幸福；散散步，我感到幸福；看见妈妈，我感到幸福；离开她一会儿，我也感到幸福；我在树林和小丘间游荡，我在山谷中徘徊，我读书，我闲暇无事，我在园子里干活儿，我采摘水果，我帮助料理家务——不论到什么地方，幸福步步跟随着我；这种幸福并不是存在于任何可以明确指出的事物中，而完全是在我的身上，片刻也不能离开我。

《忏悔录》

同我们的幸福休戚相关的事情总是要比任何其他事情做得更好些。

《忏悔录》

生活中有一种真正的快乐，那就是让她所爱的人快乐。

《忏悔录》

我心里充满了青春的愿望、美妙的期待和灿烂的远景。我所看到的一切，好像都是我那即将来临的幸福的保证。我在幻想中看到家家都有田舍风味的宴会；草场上都有愉快的游戏；河边都有人洗澡、散步和钓鱼；树枝上都有美果；树荫下都有男女的幽会；山间都有大桶的牛乳和奶油，惬意的悠闲、宁静、轻快以及信步漫游的快乐。总之，凡是映入眼帘的东西，都令我内心感到一种醉人的事享受。

《忏悔录》

卢梭的忏悔

每天早晨，在太阳上山的时候，我是多么急于到那条明廊上去呼吸馨香的空气啊！我在那里，和我的戴莱丝面对面，吃到了多么好的牛奶咖啡啊！我那只猫和那只狗都陪着我们。这样的陪伴够叫我一辈子都满足的，绝不会感到一刻的厌烦。我在那里真像是住在人间天堂；我生活得跟在天堂一样纯真，品尝着天堂一样的幸福。

《忏悔录》

经常受到人们的尊敬比让别人赞美数次要强过百倍。

《忏悔录》

那一天白昼非常热，傍晚的景色却令人陶醉：露水滋润着萎靡的花草，没有风，四周异常宁静，空气凉爽宜人；日落之际，天空一片深红色的云霞，映照在水面上，把河水染成了蔷薇色；高台那边的树上，夜莺成群，它们的歌声此呼彼应。我在那里漫步，恍若置身仙境，听凭我的感官和心灵尽情享受，使我稍感遗憾的是我一个人独享其乐。我沉浸在甜蜜的梦幻中，一直走到深夜也不知疲倦。但是最后还是感到疲倦了。我舒舒服服地在高台花园的一个壁龛（那里也许是凹入高台围墙里面的一个假门）的石板上睡下了。浓密的树梢构成了我的床帐，我上面正好有只夜莺，我随着它的歌声进入了梦乡。我睡得很甜，醒来时更觉舒畅。天大亮了，睁眼一看，河水、草木尽在目前，真是一片美妙的景色。我站立起来，抖了抖衣服，觉得有点饿了，我愉快地向市内走去，决心用我剩下的两个小银币好好地吃一顿早饭。我的情绪非常好，唱了一路，我现在还记得我唱的是巴迪斯坦的一个小曲，歌名叫《托梅利的温泉》，那时我会背诵这支歌的全部歌词。应该好好感谢好心的巴基斯坦和他那首优美的小曲，他不仅使我吃到了比我原来打算吃的还要好的一顿早饭，而且还使我吃了一顿我丝毫没有料到的精美的午饭。

《忏悔录》

亲爱的朋友，我感到别离的沉重负担压迫着我。我觉得没有你，我不能生活，这最使我害怕。我每天在我们一块儿住过的地方徘徊了上百次，但始终找不到你。我在往常的时刻等待你；时间过去了，你却没有来。我看到的一切事物给我以有你在场的印象，却又告诉我已经失掉你了。你是不会受这种可怕的折磨的：只有你的心能告诉你说我在思念你。啊！你可知道，痛感别离之苦的是留者，你的处境比我好得多呢！

《别离的痛苦》

卢梭的忏悔

卢梭

道德·修养

虽然我承认当时不免感到有点惋惜，但同时我也是有生以来第一次感受到了一种内心的满足，我自言自语地说："我应该佩服我自己，我能够将自己的责任置于自己的欢乐之上。"这是我第一次真正从读书中得到的益处：它教导我进行思考和比较。我想起不久以前自己曾接受了十分纯洁的道德原则，我给自己订立了明智而崇高的立身之道，并且以能够遵守这些道理而深感自豪。然而我感到羞愧的是，我竟否定了自己的原则，这么快这么明目张胆地背弃了自己所订立的立身之道。现在这种羞愧心战胜了我的情欲。在我的决心中，虚荣心和责任心所起的作用或许是相等的，这种虚荣心虽然不能算作美德，但它所产生的效果是那么相似，即使弄混了也是可以原谅的。

《忏悔录》

我很可以完全走上牟利的道路，让我这支笔不去抄乐谱，而完全用来写作。以我当时已有的、并且自觉有力量维持下去的那种一飞冲天之势，只要我稍微愿意把作家的手腕和出好书的努力结合起来，我的作品就可以使我生活得很富裕，甚至生活得很豪华。但是，我感觉到，为面包而写作，不久就会窒息我的天才，毁灭我的才华。我的才华不在我的笔上，而在我的心里，完全是由一种超逸而豪迈的运思方式产生出来的，也只有这种运思方式才能使我的才华繁荣滋长。任何刚劲的东西，任何伟大的东西，都不会从一支唯利是图的笔下产生出来。需求和贪欲也许会使我写得快点，却不能使我写得好些。企求成功的欲望纵然没有把我送进纵横捭阖的小集团，也会使我尽量少说些真实有用的话，多说些哗众取宠之词，因而我就不能成为原来有可能成为的卓越作家，而只能是一个东涂西抹的文字匠了。不能，绝对不能。我始终感觉到，作家的地位只有在它不是一个行业的时候才能保持，才能是光彩的和可敬的。

《忏悔录》

我们在史实中可以发现成千累万生性怯懦或野心勃勃的统治者，他们都是因为疲沓或者傲慢而一败涂地的，从无一人因严格公正而受到损害。但我们不应把疏忽和缓和混淆起来，也不应把宽厚和软弱混为一谈。一个人要公正首先必须严肃，要放任恶习（当他有权加以控制时），自己一定有恶习。

《论政治经济学》

怀着善意的人是不难于表达他对人的礼貌的。

《忏悔录》

要记住，无知从不产生罪恶，只有谬误才是害人匪浅的。造成谬误的原因不是因为无知，而是因为自以为是。

《爱弥儿》

自以为是一切的主人的人，反而比其他一切更是奴隶。

《忏悔录》

我的深思弥补了知识的不足，合乎情理的思考帮助我走上了正确的方向。

《忏悔录》

我生性是开朗、坦白的，正因为我不能掩饰自己的感情，所以我对于人家将感情向我掩饰起来也就疑虑万端；对这样一种天性的人说来，我当时的苦恼真是太大、太难以忍受了。如果不是万分侥幸地又遇到一些事，足够牵住我的心灵，对于我这些摆脱不开的心事，构成一种有益的排遣的话，我无疑会苦恼而死的。

《忏悔录》

关于绝交，社会上有些所谓既成准则，这些准则似乎都是根据骗人与卖友的精神定出来的。你已经不是某人的朋友了，却还显出是某人的朋友的样子，这就是你想留一手儿，好欺骗老实人以便来损害某人。

《忏悔录》

在人的生活中最主要的是劳动训练。没有劳动就不可能有正常的人的生活。

《教育史讲义》

我们永远不会知道，我们是在和什么人打交道，甚而要认识自己的朋友也要等待重大的关头，也就是说，要等待不可能再有更多时间的关头，因为唯有到了这种关头，认识朋友才会成为最重要的事。

《忏悔录》

卢梭的忏悔

"请看！这就是我所做过的，这就是我所想过的，我当时就是那样的人。不论善和恶，我都同样坦率地写了出来。我既没有隐瞒丝毫坏事，也没有增添任何好事；假如在某些地方作了一些无关紧要的修饰，那也只是用来填补我记性不好而留下的空白。其中可能把自己以为是真的东西当真的说了，但绝没有把明知是假的硬说成真的。当时我是什么样的人，我就写成什么样的人：当时我是卑鄙龌龊的，就写我的卑鄙龌龊；当时我是善良忠厚、道德高尚的，就写我的善良忠厚和道德高尚。万能的上帝啊！我的内心完全暴露出来了，和您亲自看到的完全一样，请您把那无数的众生叫到我跟前来！让他们听听我的忏悔，让他们为我的种种堕落而叹息，让他们为我的种种恶行而羞愧。然而，让他们每一个人在您的宝座前面，同样真诚地披露自己的心灵，看看有谁敢于对您说：'我比这个人好！'"

《忏悔录》

在我整个一生中，人们已经看到，我的心像水晶一样透明，从来不会把藏起来的一个稍微强烈的感情隐瞒一分钟。

《忏悔录》

善良的行为有一种好处，就是使人的灵魂变得高尚了，并且使它可以做出更美好的行为。因为人类是有弱点的，人受到某种诱惑要去做一件坏事而能毅然中止，也就可以算作善行了。我一下定决心，我就变成另一个人了，或者更正确地说，我又恢复了以前的我，恢复了迷醉的时刻曾一度消逝了的我了。我满怀高尚的心情和善良的愿望继续着我的路程，一心想悔赎前罪，决定以后要以高尚的道德原则来约制我的行为，要毫无保留地为最好的妈妈服务，要向她献出和我对她的爱恋同样深切的忠诚，除了爱我的职责并听从这种爱的驱使以外，决不再听从其他的意念。唉！我以一片真心重新走上了正路，这似乎可以使我得到另一种命运了，然而我的命运是早已注定了的，并且已经开始了，当我那颗满怀着美好和真诚之爱的心灵，不顾一切地奔向那纯洁和幸福的生活的时候，我却接近了将要给我带来无数灾难的不幸时刻。

《忏悔录》

在不幸中所表现出来的勇气，通常总是使卑怯的心灵恼怒，而使高尚的心灵喜悦的。

《忏悔录》

我说的都是真话，如果有人知道有些事情和我刚才所叙述的相反，哪怕那些事情经过了一千次证明，他所知道的也只是谎言和欺骗。如果他不肯在我在世的时候和我一起深究并查明这些事实，他就是不爱正义，不爱真理。我呢，我高声地、无畏地声明：将来任何人，即使没有读过我的作品，但能用他自己的眼睛考查一下我的天性、性格、操守、志趣、爱好、习惯以后，如果还相信我是个坏人，那么他自己就是一个理应掐死的坏人。

《忏悔录》

由于过分审慎，人们对于时机就会重视不够，就会坐失良机，并且由于反复考虑，人们往往会失掉考虑的结果。

《社会契约论》

谨慎的人啊，对大自然多多地探索一下吧，你必须好好地了解了你的学生之后，才能对他说第一句话，先让他的性格的种子自由自在地表现出来，不要对它有任何束缚，以便全面地详详细细地观察它。你认为这样让他自由是浪费了他的时间吗？恰恰相反，这段时间是用得非常恰当的，因为要这样才能知道怎样在最宝贵的时期中不致浪费片刻的光阴；可是，如果你在不知道应该如何着手以前就开始行动，那么你就必然会盲目从事，容易做错，不得不重新来做，所以，你急于达到目标，结果反而不如慎重前进的快。你不要学那些悭吝的人，他们一个铜子也舍不得花，结果是造成更大的损失。在童年时期牺牲一些时间，到长大的时候会加倍地收回来的。

《爱弥儿》

我十分了解我父亲的慈爱和美德，他的这种行为促使我自己反省，这种反省大大帮助我保持心灵的健全。从这里，我得出了一种道德上的重大教训，这或许是唯一的富有实际效用的教训：我们要避免我们的义务与我们的利益发生冲突，避免从别人的灾难中企望自己的幸福；我确信，一个人处于这种情况的时候，不设法避免，那就不管他的心地多么善良和公正，迟早会不知不觉地衰退下去，事实上会变成邪恶的和不公正的。

《忏悔录》

从来不说违心的话，但也并不总是把心里所想的都谈出来。

《忏悔录》

要想透过那么多的成见和假装出来的激情，在人心中辨别出真正的自然情感，就必须善于分析人心。要想——如果我敢这样说——感觉到这部作品里充满着的那种种细腻的感情，就必须有细入微的分寸感，而这种分寸感只能从高级社会的教养中得来。

《忏悔录》

卢梭的忏悔

　　我的才能就是对人们说些有益而逆耳的真理,并且说得相当有分量,相当有勇气;我原该以此为满足的。我生来就不会阿谀逢迎,就连赞美别人也不会,我想赞美别人时的那种笨拙劲儿比起我批评别人时的那种尖刻劲儿还更叫我吃亏。

《忏悔录》

　　当我以绝对无私的精神做我所能做的一切好事的时候,如果我在所有这一类的细节上都能做到有条不紊、细致周密,以免受骗上当,帮了别人的忙反而自己吃苦头,那就该有多好啊!

《忏悔录》

　　要有所成就,要成为独立自恃、始终如一的人,就必须言行一致,就必须坚持他应该采取的主张,毅然决然地坚持这个主张,并且一贯地实行这个主张。

《爱弥儿》

　　伟大的人是绝不会滥用他们的优点的,他们看出他们超过别人的地方,并且意识到这一点,然而绝不会因此就不谦虚。他们的过人之处愈多,他们愈认识到他们的不足。他们对他们超过我们的地方所感到的自负，还不如他们对他们的弱点所感到的羞耻之心大；在享受他们所独有的长处时，他们是决不会愚蠢到夸耀自己不拥有的天赋。

《爱弥儿》

贤明的人首先关心的是大家的利益，然后才是个人的利益；因为每一种利益都属于整个的人类，而不属于其中的某一个人。

《爱弥儿》

善良的行为有一种好处，就是使人的灵魂变得高尚了，并且使它可以做出更美好的行为。

《忏悔录》

学者们固然有时比一般人的成见少，但是另一方面，他们对已有的成见却坚持得比一般人更厉害。

《忏悔录》

大多数人都是在运用力量已经太晚的时候，才埋怨缺乏力量。这虽似诡辩，但是我的失败也就在这里。勇气只有我们犯错误的时候才是可贵的，假使我们始终谨慎从事，我们就很少需要勇气了。

但是，种种容易克服的倾向对我们具有无可抗拒的吸引力，只是我们轻视诱惑的危险，才会向轻微的诱惑屈服。我们都是不知不觉地陷入本来毫不费力就可以避免的险境。可是，等到陷入这种险境之后，没有惊人的英勇毅力便不能从那里挣脱出来。

《忏悔录》

我一向特别喜爱驯养动物，尤其是驯养一些胆小的野性动物。我认为把它们驯养得善于听从人意，是很有趣的一件事，我从来没有利用它们对我的信任而去捉弄它们，我愿意叫它们毫无畏惧地喜爱我。

《忏悔录》

我始终认为：在一切诸如此类难以解决的道德问题上，与其用理性的光芒，倒不如按照我的良知所授的旨意去予以解决。道德本能从未使我受骗，它至今仍保持着纯洁，我可以信赖于它；在我的行动上，它偶尔会因我的欲念而沉默，而当我回想起来的时候，它又重新支配了我的行动。我就是这样严于审判自己，就像我在结束此生后将受到的最高审判官的审判一样。

《谎言》

把爱己推及他人，就成了美德，一种根源于我们各人心中的美德。我们关心的对象愈和我们自己直接有关，我们对于自我利益产生的诱惑的担心就可以愈少；这种利益变得愈普遍，就愈是正义的；对于人类的爱无非是我们内在的对正义的爱。因此，如果我们要使爱弥儿成为真理的热爱者，如果我们要使他真正了解真理，我们且让他在一切事情上经常抛弃自我利益。

《爱弥儿》

这是我做过的事、想过的事和经历过的事。我要把善恶都直率、坦白地讲出来，既不隐瞒什么不好的东西，也不附加什么好的东西。

《忏悔录》

那些恶劣万分的人对公共信仰多少也有几分尊敬之意，就连那些在大社会中与道德为敌的强盗，在他们的秘密巢穴里，也要向道德的幻影致敬。

《政治经济学》

最高尚的道德是消极的，同时也是最难于实践的，因为这种道德不是为了做给人家看的，而且，即使我们做得令人心满意足，也不能因此就在我们心中产生甜蜜的快乐。一个人如果从来没有损害

卢梭的忏悔

过他的同胞，那他就是对他们做了极大的好事啦！他需要有多么坚贞不屈的心灵和多么坚强的性格才能做到这一点啊！要体会到把这一条做得成功是何等的伟大和艰难，那就不能光是谈他的理论，而必须付诸实践。

《爱弥儿》

懊悔在我们走好运时，睡去了，但在我们的逆境中，却使我们更强烈地感觉到它。

《忏悔录》

如果你想纠正你的学生的弱点，你就应该把你自己的弱点暴露给他看，就应当让他在你身上也发现他所体验到的斗争，使他照你的榜样学会自己克制自己。

《爱弥儿》

我的生活虽然非常节俭，可是我的钱袋却不知不觉地快空了。我这种节俭并非出于谨慎，而是由于我的食欲简单。就是今天，佳肴盛宴也没有改变我这种简单的食欲。我从前不知道，现在仍然不知道有什么能比具有田舍风味的一顿饭更精美的饮食了。只要是好的乳类食品、鸡蛋、蔬菜、奶饼、黑面包和普通的酒，就能让我饱餐一顿。

《忏悔录》

我永远相信善只不过是付诸行动的美,它们二者紧密地结合在一起,在完善的人性里这二者有着共同的根源。从这个观点出发,趣味是靠德行所用的同样方法完善起来的。一个受德行的魅力深深感动的灵魂,对一切其他种类的美应有同样程度的敏感。人们锻炼目力有如锻炼感觉一样,或者不如说,极好的目力无非是精细和灵敏的感觉,这好比一个画家,看见一片优美的风景,或是站在一幅优美的画面前,对这些对象所感到的喜悦是一般观众所感觉不到的。有多少东西只能凭感觉才能看见,而且是说不出道理来的!有多少莫名其妙的东西那么频繁地复现,只有趣味能加以鉴别!趣味可以说是鉴别的显微镜;它使微小的东西得以认识,它的作用是在鉴别不起作用时开始发挥的。那么怎样培养它呢?应当像锻炼目力一样锻炼感觉,像用感觉来审察美一样用审查来判断善。

《共同的命运》

所谓荣誉,我区分为出于舆论的和出于对自己尊重的两种。第一种由比汹涌的波涛更变化不居的空泛的偏见组成;第二种则以道

卢梭的忏悔

德的永恒原则为基础。世俗的荣誉可能对财产地位有利,但它不能渗透进灵魂,对真正的幸福丝毫不能影响。反之,真正的荣誉组成幸福的本质,因为人只有从它那里获得内心满足的永恒感情,而唯有它能使思考的人幸福。

《允诺》

你要记住,在敢于担当培养一个人的任务之前,自己就必须要造就成一个人,自己就必须是一个值得推崇的模范。

《爱弥儿》

一个好教师应该具有哪些品质,人们对这个问题讨论了许多。我所要求的头一个品质(它包含其他许多品质)是:他决不做一个可以出卖的人。

《爱弥儿》

一个女人可以用化妆品来使她一出风头,但要获得别人的喜爱,还是要依赖于她的人品……真正的美,是美在它本身能显出奕奕的神采。

《爱弥儿》

慈善的行为比金钱更能解除别人的痛苦。

《爱弥儿》

你希望别人怎样对你，你就应当怎样对别人。

《爱弥儿》

没有信念，就没有真正的美德。

《爱弥儿》

人们说生命是很短促的，我认为是他们自己使生命那样短促的。

《爱弥儿》

做有意义的事情，其本身就是对生活的享受。

《爱弥儿》

节约与勤勉是人类两大名医。

《爱弥儿》

青年是学习智慧的时期，老年是付诸实践的时期。

《漫步遐想录》

卢梭的忏悔

青春活力，可以说把我们整个身心都舒展开了，同时用生活的乐趣把我们眼前的万物也美化了。

《忏悔录》

浪费时间是一桩大罪过。

《论科学和艺术》

卢梭

读书·学习

　　尽管我很不愿意受老师管束，可是当我回忆我的求学时代，却从来没有感到厌恶；我从他那里学到的东西虽不多，可是我所学到的都没有费什么力气就学会了，而且一点也没有忘掉。

《忏悔录》

　　我的读书癖越受到限制，兴致也越高，不久，就陷入狂热状态了。有一个有名的女租书商，名字叫拉·特里布，她向我提供了各种各样的书籍。好书坏书就行，我不挑选，什么书我都同样贪婪地阅读。我在干活的案子上读，出去办事的时候读，蹲在厕所里读，我经常一连几小时沉醉在书籍里。我读得头昏脑涨，别的事儿什么也干不下去了。

《忏悔录》

卢梭的忏悔

不到一年工夫,我把拉·特里布这家小书铺的书全读光了。此后,每当闲暇无事的时候,我就感到十分烦闷。但我的读书癖已经纠正了我那些幼稚无赖的恶习。

《忏悔录》

我不断地读书,而这些书经常又都是法国的,这就培养了我对法国的感情,最后这种感情变成了一种任何力量也不能战胜的盲目狂热。后来,我在旅行的时候发现,有这种感情的并不只是我一个人,在所有的国家中,凡是爱好读书和喜欢文学的那一部分人都或多或少受到这种感情的影响,这种感情也就抵消了由于法国人的自高自大而引起的对法国的普遍嫌恶。

《忏悔录》

既然每一个错误的命题的反面都是一个真理,所以真理的数目也同谬误的数目一样,是没有穷尽的。

《爱弥儿——论教育》

要做各种各样的研究,就应当实地去观察而不应当仅仅是念书本。

《爱弥儿》

读书读得太多，反而会造成一些自以为是的无知的人。

《爱弥儿》

虽然人的智力不能把所有的学问都掌握，而只能选择一门，但如果对其他科学一窍不通，那他对所研究的那门学问，也就往往不会有透彻的了解。

《忏悔录》

周围的事物就是一本书。

《爱弥儿——论教育》

尽管记忆和理解是两种在本质上不同的本能，然而两者只有互相结合才能得到真正的发展。

《爱弥儿一论教育》

我们的计算工作虽然不需要十分高深的算术，但有时也使我遇到困难。为了克服这些困难，我买了几本算术书，我学得很好，而且是一个人自修的。实用算术并不像人们想象的那样简单，如果要做到十分精确的话，有时计算起来麻烦到极点，我有几次看到连优

卢梭的忏悔

秀的几何学家也被弄得晕头转向。思考与实用结合,就能产生明确的概念,就能找到些简便方法,这些方法的发现激励着自尊心,而方法的准确性又能使智力得到满足,原来枯燥无味的工作,有了简便方法,就令人感兴趣了。由于我大力钻研,凭数字可以解决的问题就没有能难住我的了。现在,在我所熟悉的一切都逐渐从我记忆中消失的时候,唯独我所学到的那套算术知识,虽已荒废了三十年,仍然有一部分没有忘掉。前几天,我去达温浦做客,我的房东的孩子正在演算术题,我把一个最复杂的习题在令人难以置信的轻松愉快中正确无误地演算出来了。我把得数写出来的时候,我仿佛又回到了在尚贝里时的那些快乐的日子。这是多少年以前的事了!

《忏悔录》

测量员们绘图的彩色,使我对绘画恢复了兴趣。我买了些颜料,开始画起花卉和风景来。可惜,我对这种艺术没有多少天赋,但我又非常喜爱它。我可以在画笔和铅笔中间一连待上几个月不出门。这件事简直把我缠住了,必须强迫我把它放下才行。不管什么爱好,只要我一开始入了迷,都是这样的,爱好逐渐加深,直至变成狂热,不久,除了我所迷上的以外,世界上的任何事物我都看不见了。我这种毛病并没有随着年龄增长而有所改变,甚至一点也没有减轻。就是现在我写这本书的时候,我虽然已经是个老糊涂了,却还热衷于研究另一种无用的东西（指植物学——编者注），这种学问我原是一窍不通的，就是那些在青年时代已经开始这种研究的人，到了我这个年纪也要被迫放弃的，而我却要在这个时候开始。

《忏悔录》

那个时候正是应该研究那种学问的适当时期，机会很好，我不想放过。我看到阿奈带着许多新的植物回来，眼里闪出喜悦的光芒的时候，我有两三次几乎要和他一起去采集植物了。我可以肯定，只要我和他去过一次，我就会被吸引住，今天我也许已经成了一位伟大的植物学家了，因为我不知道还有比研究植物更合乎我的天性的其他学问。我十年来的乡间生活，事实上就是不断地采集植物，不过说老实话，我采集植物既没有一定的目的，也没有什么成就。由于我当时对植物学完全不懂，我对它还有一种轻视，甚至可以说讨厌它。我只把它看作是药剂师应该研究的事。

《忏悔录》

另外一种与此不同、甚至相反的爱好正逐渐发展起来，并且不久就压倒了其他一切爱好。我说的就是音乐。我一定是为这种艺术而生的，因为我从童年时代起就爱上了这种艺术，而且我一生中唯一始终喜爱的艺术就是音乐。令人不解的是，虽然可以说我是为这

卢梭的忏悔

种艺术而生,可是学起来却是那么困难,进步得又那么缓慢,经过毕生的练习,也始终没有做到打开曲谱就能正确地唱出来。那时使我对这种爱好最感愉快的是,我可以和妈妈在一起进行练习。我们的趣味虽然十分不同,音乐却是使我们两人朝夕相处的一种纽带,这的确是我乐于利用的机会,而她也从不表示反对。那时,我在音乐上的进步,差不多已经赶上了她;一支歌曲练习两三次,我们就能识谱并且能唱下来。有几次她正在药炉边忙来忙去,我对她说:"妈妈,这里有一支非常有趣的二部合唱曲,我看,你准会因它而把药熬糊了的。""真的吗!"她对我说,"要是你让我把药熬糊了的话,我就叫你吃了它。"我就这样一边斗着嘴,一边把她拉到她的羽管键琴那里。我们一到那儿,就什么都忘了,杜松子和茵陈都变成了黑炭了,她便拿起来抹了我一脸炭末,所有这一切都是滋味无穷的。

《忏悔录》

我虽然每天都认为已经到了生命的末日,但却更加奋勉地学习起来,就好像要永久活下去似的。别人都说这样用功学习对我有害,我却认为这对我有益,不仅有益于我的心灵,而且有益于我的身体,因为这样专心读书的本身对我就是一件乐事,我不再考虑我的那些疾病,痛苦也就因此而减轻了很多。诚然,这对于我的疾病,实际上不能有所减轻,但是由于我本来没有剧烈的痛苦,我对身体的衰弱,对失眠,对用思考代替活动,也就习以为常了,最后,我把机能的一步步慢慢衰退看作是一种不可避免的、到死方休的过程了。

《忏悔录》

把自己锁在屋子里,从柜子里拿出我那瓶酒的时候,我一边自斟自饮,一边读几页小说,那是多么快乐呀!由于没有人同我谈心,边吃边看书就别有奇趣:书就代替我所缺少的伙伴。我看一页书,吃一块蛋糕,就好像我的书在跟我共同进餐。

《忏悔录》

我口袋里只要有一本新书,我的心就怦怦跳了起来,恨不得一口气把它读完。

《忏悔录》

读书不要贪多,而是要多加思索;这样的读书使我获益不少。

《忏悔录》

我对书籍,虽然有时选择不当,而且其中常常有些很坏的东西。可是,凡是我所读过的书籍,在我的内心里,都比我的职业能唤起更高尚的感情。

《忏悔录》

下午我还是读书,不过午后的活动与其说是工作和学习,不如说是消遣和娱乐更为恰当。午饭后,我从来不能关在屋里认真用功,通常在一天最热的时候,一切劳动对我都是负担。然而我也不闲着,我自由自在、毫无拘束、不费心思地看一些书。我最常看的就是地理和历史,因为这两个科目并不需要集中精力,我那点可怜的记忆力能记住多少就收获多少。

《忏悔录》

我坚持尽量多背一些东西,为此,我常常随身携带书本,以难以置信的毅力,一面干活儿,一面诵读和复习。我不知道为什么我这种顽强的、不间断的、无结果的努力居然没有使我变成智力障碍者。维吉尔的牧歌,我学了又学,不知念了多少遍,结果现在还是一句都不会。不论是到鸽棚、菜园、果园或葡萄园,我总是随身携带着书本,因此我丢失或弄破了好些书。每当干别的活计时,我就把书本随便放在树底下或篱笆上,因此到处都有我干完活忘记拿走的书,及至两星期后重新找到时,那些书不是已经发霉就是叫蚂蚁和蜗牛给咬坏了。这种死用功的习惯不久就成了一种怪癖,干活的时候，我几乎跟智力障碍者似地嘴里不断在嘟囔和默诵什么东西。

《忏悔录》

我在前面说过，我带来了几本书，于是就读起这些书来，但是我的读书方法很难使我得到益处，而只能增加我的疲劳。由于我对事物没有正确的理解，竟认为要从读一本书得到好处，必须具有书中所涉及的一切知识，丝毫没考虑到就是作者本人也没有那么多的知识，他写那本书所需要的知识也是随时从其他书中吸取来的。由于我的愚蠢想法，我读书的时候就得不时地停下来，从这本书跳到那本书，甚至有时我所要读的书自己看了不到十页，就得查遍好几所图书馆。我顽固地死抱着这种极端费力的办法，浪费了无数的时间，脑子里越来越混乱不堪，几乎到了什么也看不下去、什么也不能领会的程度。幸而我发觉得尚早，知道自己已经走上一条错误的道路，使我置身在一个漫无边际的迷宫里，因此在我还没有完全迷失在里面以前就回头了。

《忏悔录》

一个人只要对于学问有真正的爱好，在他开始钻研的时候首先感觉到的就是各门科学之间的相互联系，这种联系使它们互相牵制、互相补充、互相阐明，哪一门也不能独自存在。虽然人的智力不能

卢梭的忏悔

把所有的学问都掌握，而只能选择一门，但如果对其他科学一窍不通，那他对所研究的那门学问也就往往不会有透彻的了解。我觉得我的思路是好的和有用的，只是在方法上需要改变一下。我首先看的就是《百科知识》，我把它分成几个部分加以研究。不久，我又认为应当采取完全相反的方法：先就每一个门类单独加以研究，一个一个地分别研究下去，一直研究到使它们汇合到一起的那个点上。这样，我又回到一般的综合方法上来了，但我是掌握了正确的方法，有意识这样做的。在这方面，不论我是活在世上还是行将死去，我都一点不能再浪费光阴了。25岁的人了，还是一无所知，要想学到一切，就必须下决心很好地利用时间。由于不知道什么时候命运或死亡可能打断我这种勤奋治学的精神，所以我无论如何也要先对一切东西获得一个概念，为的是一方面可以试探一下我的天资，另一方面也可以亲自来判断一下最好是研究哪一门科学。

《忏悔录》

自省·警戒

　　经过漫长的焦虑之后，我非但没有陷入那似乎是我命中注定了的绝望之中，反而恢复了安谧、平静、甚至于幸福，因为我生命的每一天都使我愉快地回忆着过去的某一天。第二天也一样，我别无他求。

《幸福之源》

　　这两种截然相反的境况是怎样转化的呢？其诀窍在于：我学会了毫无怨言地面对现实，力图一如既往地热爱那万千的事物，而当它们相继把我抛弃，直到我成了孤零零的一个人，举目无亲时，我最后又恢复了自身的平衡。因为，既然我不再依恋任何别的东西，我就依靠我自己。

《幸福之源》

卢梭的忏悔

我在世上还应该做的事,只是把自己看成是一个十足的被动物,根本不必徒劳无益地反抗这个命运,而应该用我剩下的气力去忍受命运。我就是这样告诫自己的。我的理智和心灵也都赞同。但是,我觉得这颗心灵仍在抱怨。这又是为什么呢?我寻思着并且找出了原因:它产生于自尊心——它对那些人感到愤慨之后,便继而起来反对理性了。

《幸福之源》

出自义务的需要,一个人就得违拗自己的禀性,去将之履行。这正是我比天底下任何人都更不善于去做的。我生性敏感而善良,心慈到了软弱的地步,一切慷慨大度之举都使我为之激动。我富有人情味,乐善好施,凭着爱好和热情本身去帮助人,只要别人把我的心打动就行。如果我曾是人类当中拥有至高权力的人,那我会是他们当中最优秀而又最宽宏大量的人,因为我能够为自己报仇,而我却任心头一切报仇的念头熄灭。若为我个人利益,我会毫不犯难地做到公正不倚,但若违背我所珍爱的人的利益,我可能就无法下此决心了。只要我的义务与我的感情相冲突,除非是在我只需什么都不做的情况下,否则前者很少会占上风。那时,我常常是有能耐的,但我却不能逆本性而行事。当我的心没有向我呼唤,我的意志充耳不闻,不管是人,还是义务,或是什么必然性，都无法叫我唯命是从。我看见祸害的威胁，但我宁可任其降临，也不愿意为防范它而激动不已。我偶尔开头很卖劲，但这种卖劲很快就使我厌倦，使我精疲力竭了，我就再也无法坚持下去。在一切假想的事情中，凡是我不带乐趣去做的，很快我就没法去做了。

《善行的视点》

我的任何一种占有支配地位的欲念，都是不能用金钱收买的东西。我所追求的是纯洁的玩乐，而金钱会把一切玩乐都玷污。

《忏悔录》

我热爱自由，我憎恶窘迫、苦恼和依附别人。只要我口袋里有钱，我便可以保持我的独立，不必再费心思去另外找钱。穷困逼我到处去找钱，是我生平最感头痛的一件事。我害怕囊空如洗，所以我吝惜金钱。我们手里的金钱是保持自由的一种工具；我们所追求的金钱，则是使自己当奴隶的一种工具。正因为这样，我才牢牢掌握自己占有的金钱，不贪求没有到手的金钱。

《忏悔录》

每当我的生活处于平静的状态时，这种回忆带给我的痛苦就比

卢梭的忏悔

较轻微；如果在动荡多难的生活中，每逢想起这件事来，我就很难再有以无辜受害者自居的那种最甜美的慰藉。它使我深深体会到我在自己某一著作中所说过的话：处于顺境的时候，良心的谴责就睡着了；处于逆境的时候，良心的谴责就加剧了。

《忏悔录》

以上的叙述是十分坦率的，谁也不会认为我在这儿粉饰我的可怕罪行。但是，如果我不把内心的意向同时叙述出来，甚至因为怕给自己辩解而对于当时的一些实际情况也不敢说，那就不能达到我撰写这部书的目的了。

《忏悔录》

有两种几乎绝对不能相容的东西，在我身上居然结合在一起，我很难想象这是怎么一回事：一方面是非常炽热的气质，热烈而好冲动的激情，另一方面却是迟钝而又混乱的思想，差不多总是事后才明白过来。简直可以说，我的心和我的头脑不是属于同一个人的。感情比闪电还快，立刻充满了我的心，但是它不仅不能照亮我的心，反而使我激动，使我发昏。我什么都感觉到，却什么也看不清。我非常兴奋，却动作迟钝；我必须冷静下来才能进行思考。令人奇怪的是，只要给我时间，我也是足智多谋，既能深入分析，甚至还很细致；在从容不迫的时候，我也能作出绝妙的即兴诗，可是仓促之间，我却从来没有做过一件恰如其分的事，也没有说过一句恰如其分的话。就像人们所说的西班牙人只是在下棋的时候才能想出好招儿，我唯有通过书信才能说出妙趣横生的话。

《忏悔录》

如今，我还要怎样才算是人类最不幸的人呢？那些人为了使我不幸，要做的都做绝了。即使是处于这种可悲的境地，我也不会拿我自身的命运去和他们中的最幸运者交换。我宁愿是不幸的我，也不愿是那些鸿运亨通的人中的一个，当我孤单单一人的时候，我就靠自身的养料生存，这养料是不会枯竭的；尽管可以说我是空腹反刍，尽管我的想象力已经枯竭，思想已经泯灭，再不能滋养我的心灵，但我仍可以用自身来满足自己。我的心灵受我的身体的阻碍，日渐衰竭了，在这沉重的压力下，再也没有力量像从前那样冲出我这副苍老的躯壳。

逆境促使我们去作这种自我反省。也许正因为如此才使大多数人忍受不了逆境。至于我，我能引以自咎的只是一些小过失。我把它们归因于我的软弱，并聊以自慰，因为，我从来不曾起念去做任何蓄谋的坏事。

《幸福之源》

卢梭的忏悔

我的感官对我的心灵的这种影响，造成了我一生的唯一痛苦。我在看不见人踪的那些日子里，我不再思虑我的命运，因此也就感觉不到命运如何的问题，感觉不到痛苦。我幸福、满足、不受制于人，无羁无碍。然而我很少能够摆脱显而易见的坑害。只要我稍微去想一想，我察觉的每一道凶恶目光、听见的每一句污言浊语，我遇见的每一个恶人都会震撼我的身心。在这种情况下，我所能够做到的，就是尽快地忘却和溜之大吉。我内心的骚动与引起这种骚动的原因是会同时消逝的。当我独处时，我马上就恢复平静。如果还有什么使我忐忑不安的话，那就是唯恐在回去的路上碰上某种事物，又重新撩起我的痛苦。这就是我的唯一痛楚，它也足以损害我的幸福。我住在巴黎市中心，走出家门，我就向往乡间和孤寂，但是必须到很远的地方去寻，所以在我尚未能够走入乡间自由地呼吸之前，我在途中就被许多令我痛心疾首的事苦恼着了。因而，在来到我要寻找的隐蔽处之前，大半天已在忧烦中过去了。我能走完这一段路，至少就算幸运的了。逃脱恶人们的追踪的那一时刻是颇有趣的。当我置身于绿原中的大树底下，我立刻意识到来到了人间天堂。我尝到一种发自内心的喜悦，就好像我是人类最幸福的人。

《幸福之源》

我在漫长岁月中历尽沧桑，我发现，具有最甜蜜的享受和最强烈的快感的时期，并非那些常引起回忆或最使我感动的时期。那些一时狂热和心血来潮的时刻，无论多么热烈，却恰恰因为本身的热烈程度而仅仅成了生命线上一些稀稀落落的点。这些点为数太少、稍纵即逝，不能形成一种状态。可我心所怀念的幸福，断乎不是由一些瞬息即逝的时刻，而是由一些平凡而持久的状态构成的。这些状态本身并不强烈，但它们的魅力却随着岁月的流逝而骤增，最终能够从中找到无与伦比的快乐。

《幸福之源》

我孤零零一个人，卧病床榻，很可能因贫困、饥饿和寒冷在病榻上一命呜呼，而且没有一个人会对此感到哀伤，但是，倘若我自己对此也不感到哀伤，倘若我也和别人一样对自己的命运（不管是哪一种命运）无动于衷，一生了却了又有什么要紧呢？当你学会了同样无动于衷地去看待生与死、疾病与健康、富贵与贫穷、荣誉与诽谤，这一切的确也就没有什么了。特别是到了我这种年纪。老年人事无巨细总不免牵肠挂肚，我却一无所虑。无论将来发生什么事，我都不在乎。这种淡泊并非出自我的明智，而是我的敌人使然，因此，让我利用这些好处来补偿他们给我造成的痛苦吧。他们使我对逆境变得无动于衷，这么一来，倒是他们给我带来了更多的好处，比他们不给我造成困境还要好。在我尚未察觉到厄运的时候，我还总是为它提心吊胆，可是，当我能够制服住它时，我就不再惧怕它了。

《幸福之源》

在我一生所遭受的种种挫折中，这种心境简直就跟我在那些幸运时刻一样，使我完全沉湎在自然状态的天性中。当然，那些由于触景生情而勾引起的最难以忍受的忧虑的短促时刻除外。在其余的时间里，我的心受天性的支配，总是沉浸在吸引着我的情爱之中，始终受着感情的滋养，因为它就是为此而生的，我跟我想象中的生灵一起分享这种感情，就像他们真的存在似的。他们能产生这种情感并分享这种情感。他们只为我而存在，因为他们是我按自己的意愿而创造的，既不担心他们会背叛我，也不担心他们会抛弃我。他们和我的痛苦同在，并帮助我把痛苦忘掉。

《幸福之源》

……反躬自省的习惯，最终使我失去对所受痛苦的感觉乃至记忆。就是这样，通过自身的经验我懂得：真正的幸福之源就在我们自身；对于一个善于理解幸福的人，旁人无论如何也不能使他真正潦倒。

《幸福之源》

"我活到老学到老。"

梭伦晚年经常吟咏这句诗。就诗中所含的某种意义而言,在我的晚年我也一样可以把它吟咏。可是20年来,我从经验中获得的却是一种委实叫人伤心的学问:蒙昧无知反而更好。逆境当然是一个了不起的先生,但是,他索取的学费太高,而你从中获得的收益往往得不偿失。况且,没等你从这些姗姗来迟的教训中学有所成,运用它们的时机却转眼即逝了。青年期是增长才智的时期,老年期则是运用才智的时期。经验总是有用的,我承认这一点,但是,只有当你前头尚有光阴,经验才能有益。死到临头了,还是学习应该怎样生活的时候吗?

《晚年的反省》

当我反躬自问的时候,这一切我都思忖过了。我虽然不善于从这些思考中获益,但我及时作出这些思考和将之回味,这并非错事。从孩提时代,我就被抛入人生的旋涡之中,我很早就体验到,我天生就不是在这个世界上生活的。在这里,我永远也达不到我心灵所要求的那种境地。因此,当我停止在人类当中寻觅那似乎无法寻着的幸福时,我那炽热的想象力就已经跳出了我刚刚起步的人生范围。仿佛跃到了一个于我完全陌生的地方,以便在我能够留驻的静谧场所安歇。

《晚年的反省》

我身上刚刚发生了巨变,我眼前展现了另一种道德观,我感到那些人对我的评判真是荒谬绝伦,虽然那时我未曾料到我会深受其害,但我已经开始发觉那是荒谬的。我产生了另一种需要,它不同于我追求文学上的成就的那种需要,因为我刚一接触到这种气息就厌恶了;我渴望在我的余年开辟一条比我刚刚走过了大半辈子的道路更为可靠的路径。总之,这一切迫使我着手早已感到很有必要的深刻反省。因此,我深刻地检查了自己,而且,为了把它做得好些,我没有把任何与我有关的事忽略不计。

《晚年的反省》

从青年时代起,我就决定,40岁以前要积极进取,实现我的各种抱负。我抱定主意,一上这个年纪,无论身处何种境况,都不再为摆脱它而苦苦挣扎,而是得过且过地度过余生,不再思虑未来。现在这个时限来到了,我不费踌躇地履行了这个计划,尽管那时我的运气似乎还有望于达到一个更加稳定的地位,然而我却没那么做，我不觉得遗憾，反倒感到一种真正的快乐。我从这种种诱惑、种种无益的希望中脱身出来，对诸事冷漠，只寻找精神上的安宁，对此，我始终兴趣盎然。我丢开了上流社会和它的浮华；我把所有的装饰品都抛开了：不带佩剑，不揣怀表，不着白袜，不佩镀金饰物，不戴帽子，只有一副极为普通的假发，一套合身得体的粗布衣服；更重要的是，我从心底摈弃了利欲和贪婪，这就使得我所抛开的一切都变得无关紧要了。我放弃了当时所占有的、于我根本不合适的职位。我开始按页计酬抄写乐谱，对这项工作，我始终兴趣不减。

《晚年的反省》

从我童年时代起，所受的教育就滋养了这种情感，它又为充盈着我一生中的一连串灾难和不幸遭遇所强化了。我不敢奢求，所获无几。我在那福星高照的时候也感到，即使我以为获得了我一直在寻找的一切，也根本不会从中找到我心灵所渴望的而又不知道怎样才能分辨出它的对象的那种幸福。就这样，在那些把我隔绝于世的大灾大难降临之前，这一切就促使我渐渐地懂得不再为这个世界浪费感情。直到40岁，我一直都在贫困与幸运、明智与迷惘之间浮沉，沾染了不少恶习，可是心地没有任何劣性；我盲目地生活，缺乏经我的理性规定的原则；我忽略了自己的义务，却不是因为轻视而总是缺乏很好的认识。

《晚年的反省》

我完全弃绝社交界，对幽静产生浓厚兴趣，就是从这个时候开始的。打那时起，这种离群索居的兴趣就一直有增无减。我从事的工作只有在绝对的隐居中才能进行。它需要长时间的、宁静的默思，这是社交界的喧扰所不允许的。因此，有一段时间，我不得不采取另一种生活方式。后来我发现它是那么令人惬意。于是，我在中断了一段时间之后，又满心欢喜地重拾了这种方式。而且，只要有可能，我就把自己囿于这种方式之中。后来，当人们逼迫我不得不离群索居时，我发现，他们为了使我变得可怜巴巴而将我隔离起来，结果比我自己还要好地成全了我的希求。

《晚年的反省》

我还承认，我并不总是如愿地克服那些曾使我不知所措，而我们的哲学家又反复给我唠叨的困难。但是，我下决心要在人类智慧几乎不可企及的事情上作出决断。由于我在各方面遇到了解不透的隐秘和解决不了的异议，我便把感情运用于每一个问题，它似乎是最直接、最可靠的东西。我没有停留在那些我无法解决的异议上，它们与对立体系中其他异议争执不下。在这些事情上，武断的口气只适用于江湖骗子；但是人要有自己的主见，要有建立在深思熟虑之上的主见，这显然十分重要。倘若这样，我们犯错误，那么，除非是不公正，我们是不会因此受到惩罚的，因为我们根本没有罪过。这就是我之所以能够泰然处之的不可动摇的原则。

《晚年的反省》

对于我大部分行动的真实的、最早的动机，我并不像我曾长期认为的那么清楚。我知道，也感觉得出，行善是人类之心所能领略到的最真实的幸福。但很久以来，对这种幸福，我是心有余而力不足的了。在像我这般可悲的命运中，谁能够指望有所选择、有所收效地去施行一次真正的善举呢？最叫那些左右我命运的人费心的是：让一切都对我蒙上一层虚假的、骗人的外表。我知道，任何一个行善的动机都不过是别人向我抛出的诱饵，以引诱我落入陷阱，使我不得脱身。我明白，今后于我唯一可行的善举，就是什么都不做，免得不自觉地、盲目地去干坏事。

《善行的视点》

卢梭的忏悔

文学·艺术

卢梭

一切艺术家都愿意受人赞赏。他的同时代人的赞誉乃是他的酬报中最可珍贵的一部分。如果他不幸生在那样一个民族，生在那样一个时代，那儿一味趋时的学者们是被轻浮的少年们在左右着自己的文风；那儿人们向剥夺他们自由的暴君牺牲了自己的情趣；那儿的男女一方只敢赞赏与另一方的畏缩相称的东西；那儿的诗剧杰作遭人鄙弃而且最宏富的乐调被人指摘；——那时候，为了要博得别人的赞赏，他会做出什么事情来呢？各位先生，他会做的是什么事情呢？他就会把自己的天才降低到当时的水平上去的，并且宁愿写一些生前为人称道的平庸作品，而不愿写出唯有在死后很长时期才会为人赞美的优秀作品了。大名鼎鼎的阿鲁艾啊！请你告诉我们，为了我们的矫揉造作的纤巧，你曾牺牲了多少雄浑豪壮的美啊！为了那些猥琐事物中所充斥着的轻佻格调，你又曾付出了怎样的伟大为其代价啊！

《科学与艺术的复兴是否有助于敦风化俗》

我在文坛的发轫之始，就把我从一条新的途径引到了另一个精神世界，这种精神世界的质朴而高尚的和谐，使我不能面对之而不动感情。不久，由于我专心探索这个精神世界，我就觉得在我们哲人的学说里净是谬误和荒唐，在我们的社会秩序里净是压迫和苦难。在我这种愚蠢的骄傲所带给我的幻觉之中，我觉得自己有资格驱散这些眩人的迷雾；我认为，要想叫人家能听从我，就必须言行一致，所以我就采取了那种离奇的行径，这种行径别人既不容许我保持下去，我那些所谓的朋友也不能原谅我树了这样一个榜样。这个榜样最初使我显得滑稽可笑，但如果我能坚持下去，最后必然会为我赢得普遍的敬仰。

《忏悔录》

总的说来，我还是最好的人，我也觉得，一个人的内心不论怎样纯洁，也不会不包藏一点儿可憎的恶习。我知道人们在社会上把我描绘得太不像我本来的面目了，有时竟把我的面目歪曲得太不成样子，所以，尽管我对我坏的方面不愿有丝毫隐瞒，我亮出真面目还是只有所得，毫无所失的。而且，如果要做这种事，就不能不把别的一些人的真面目也揭露出来，因此，这部作品只能在我和别的许多人死后才可以发表，这就更使我壮起胆来写我的《忏悔录》了，我将永远不会在任何人面前为这部《忏悔录》而脸红了。所以我决计把我的余暇用来好好地做这个工作,并且开始搜集足以引导或唤醒我的记忆的种种函件和资料,深深惋惜我在此以前撕掉、烧掉、丢掉的那些东西。

《我写忏悔录》

有一天早晨,南济伯爵拿着克莱朗波的一支合唱曲来找我。他说,为了使这个曲子便于演唱,他已经给它变了调,但是由于一变调,克莱朗波写的伴奏部分就不能演奏了,要我给它另配个伴奏低音部。我回答说,这是一件相当繁重的工作,不能马上做到。他以为我是在寻找脱身的借口,就逼着我至少要写一个宣叙调的低音部。我答应了,当然做得不甚好,因为我不论做什么事,必须在毫不紧张的情况下从容不迫地去做,但这次我做的至少合乎规则,而且是当着他的面作的,这样他就不能怀疑我不懂作曲的基本原理了。也正因为这样,我的那些女学生才没退学,不过我对音乐的兴趣开始有些冷淡了,因为举行一个音乐会,人们竟没把我放在眼里。

《我喜欢音乐》

严肃而深奥的文章也许会使人们尊敬我们,但所有烦琐,哲学的光辉却于我们是不适合的。遗憾的是这正是今日时髦之物。美德与自由等伟大主题可扩大并加强我们的心智,而那些如诗歌、美术等纤巧的东西则赋予它以更多的优雅和灵巧。对于前者来说，我们需要的是望远镜，而后者则需要显微镜。那些习惯于观测天地的人们是不知道如何解剖苍蝇的。这就是为什么瑞士成为智慧与理想的土地，而巴黎则成为鉴别的中心。我们还是把鉴别的妙法交予那些近视的文化名人，他们一生都致力于观察自己鼻尖下的寄生虫。他们以拥有这种鉴赏力而骄傲，而我们却应懂得，正因为缺乏这种鉴赏力而更感到自豪。就在他们为妇女沙龙编纂期刊和无聊的小册子时，我们不妨努力写些今后有用的并且具有不朽价值的作品吧！

《论文学》

就我而言，如果我仍然从事开始的职业而且也未谈过或写过什么东西的话，毫无疑问我会更加幸福些。然而目前如果废除了文学，那么留存给我的唯一的乐趣也就被剥夺了。正是在它们的怀抱中，我所受的忧患得到了慰藉；正是在培育文学的人群中，我尝到了友谊的甜蜜，学会了愉快地生活，对死亡无所畏惧，我能有幸结识你也要归功于文学。

《论文学》

任何时代出现了一个伟人时，他会是个不朽的伟人，因为他功绩的根源不在他的著作中,而在他的思想中,而且他所遭遇到的并予以克服的困难常常只会使他的地位日益增高,为人更伟大。人们可以收买科学,甚至科学家,但使知识成为真正有用的天才人物是不会被收买的,因为他心目中没有钱财,也没有君主们的命令。他们的作用不是去生产天才,而只不过是在天才出现时尊重他,由于他本性中就具有自由的品质,从而在斗争中活了下来,并成为不朽之人。

《论文学》

第一件我要责备他的事是画得像你,但又不是你,有你的容貌,但却是没有感觉的。那画家徒然认为已正确地表现了你的眼睛和脸部轮廓;他却没有表现出使之灵活生动的那温柔的感情,而没有它,无论怎样优美也是没有用的。我的于丽,你脸孔的美是在你的心里,而这一点却是无法模拟的。我承认这是由于艺术的不足,然而这至少是艺术家没有达到他自己应有的一切的那准确性。比如说,那头发根,他把它画得离太阳穴太远了些,这就使前额的外形显得欠可爱些,使眼神欠锐敏些。他忽略了那地方画上几根紫红色线条,那是皮肤下面两三根小血管,它同我们有一天在克拉朗的花园里观赏过的蓝蝴蝶花上差不多一样的东西。脸颊上的红晕过于靠近了眼睛,也没有动人地向脸孔下部着成玫瑰色，像本人一样……这个缺点并非无足轻重，因为它使你的眼睛欠柔和而表情显得更大胆。

《于丽的画像》

我们可以原谅画家忽略了某些美丽之处，可是他在你的容貌方面所犯的并不算小的错误，就是他忽略了你的缺点。他没有画出你右眼下面几乎看不见的那颗痣，也没有画你脖子左边的那一颗。他没有画……啊，上帝！这个人可是青铜铸的？……他把你的头发和眉毛画成一个颜色，实际不是这样：眉毛的褐色更深些，头发则更浅些，带点灰色。

《于丽的画像》

他把你的面孔的下半部画成准确的椭圆形，他没有注意到轻微的曲折，这曲折把下颏和脸颊分开，使它们的轮廓较不匀称和更优美。这些便是最容易感觉到的缺点，他还忽略了许多其他的点，所以我对他很不满意，因为我钟情的不仅是你的美貌，而且是你所以是你的整个模样。如果你不愿意画笔给你增添什么东西，我却不愿意它忽略掉任何东西，我的心并不关心你所没有的美质，同时却抱着嫉妒的心关切着你所固有的一切。

《于丽的画像》

卢梭的忏悔

卢梭

我对于以宛转悠扬的声音奏出的《美丽的紫星之神》乐曲中的某一曲调一直怀有最缠绵的亲切之感，因为在降临节的一个星期日，天还没亮，我正睡在床上，听见人们按照当地教堂的仪式，在圣堂的石阶上唱这首赞美歌。

《忏悔录》

夜间，我不能入睡，就尽我所能来写歌词。虽然这是我第一次写这类诗句，总算写得还可以，甚至还挺不错，至少可以说，要是让我前一天晚上写的话，就不能写得这样有味道，因为歌词的主题是围绕着一个情致缠绵的场面，而我这颗心这时正沉浸在里面。

《忏悔录》

真奇怪，我的幻想只是在我的境遇最不顺利的时候才最惬意地出现在我的脑际，当我周围的一切都是喜气洋洋的时候，反而不那么饶有趣味了。我这执拗的头脑不能适应现实事物。它不满足于只美化现实，它还想到要创造现实。现实中的事物充其量不过是按原来的样子展现在我的头脑中；而我的头脑却善于装饰想象中的事物。我必须在冬天才能描绘春天，必须蛰居在自己的斗室中才能描绘美丽的风景。我曾说过多次，如果我被监禁在巴士底监狱，我一定会绘出一幅自由之图。

《忏悔录》

我曾用很长的时间寻找这种偏爱的根源，我只是在产生这种偏爱的环境里发现了这个根源。我对于文学日渐增长的爱好，使我对法国书籍、这些书的作者甚至这些作者的祖国产生了深切的感情。

《忏悔录》

对我来说，写作是极端困难的。我的手稿屡经涂抹和修改，弄得乱七八糟，难以辨认，凡此都可以证明，我为写作付出了多么巨大的努力。在发排以前，没有一部手稿不是我誊写过四五遍的。我手里拿着笔，面对着桌子和纸张，是从来也写不出东西的。我总是在散步的时候，在山石之间，在树林里，或者在夜间躺在床上难以成眠的时候，我才在脑袋里进行拟稿；大家可以想象，一个完全没有记性、一辈子不曾背过六篇诗的人，写作起来该是多么迟缓了。所以，我的腹稿，有的段落要在我的脑袋里来回转五六夜才能胸有成竹地写在纸上。正由于这种原因，我的那些需要付出相当劳力的作品，比那些只需一挥而就的信札之类的东西，写得要好得多。

《忏悔录》

卢梭的忏悔

我带着那本乐谱,胜利地回到了妈妈那里,这本书使我受益不小。我唱的《阿尔菲和阿蕾士斯》曲调,差不多就是我在神学院所学的全部东西。我对这种艺术的特别爱好,使她产生了要把我培养成一个音乐家的想法;机会很好,她家里每星期至少要举行一次音乐会,指挥这个小音乐会的一位大教堂的乐师也时常来看妈妈。他是巴黎人,名叫勒·麦特尔,是一个优秀的作曲家,他非常活泼和快乐,还很年轻,外表很吸引人,才气却不甚高,不过总的说来是一个善良的小伙子。妈妈介绍我和他相识,我很喜欢他,他也不讨厌我。我们谈了一下膳宿费用的问题,双方很快就商妥了。简单地说,我搬到他家去了,并在那里过了一个冬天。特别愉快的是那儿离妈妈的住宅不过二十来步远,一忽儿就能到她家里,并常常同她一起吃晚饭。

《忏悔录》

不难想见,在音乐学校里跟音乐家和歌咏团的儿童们一起,终日过着愉快的歌唱生活,要比我在神学院里天天和遣使会的神父们一起快乐得多了。

《忏悔录》

在我的记忆里,甚至在我的记忆力已经衰退的今天,有些在我儿童时代就已经完全忘却了的歌曲，随着年龄的增长，又浮现在我的脑海中，给了我一种难以表达的乐趣。谁相信，像我这样一个饱受焦虑和苦痛折磨的老糊涂，在用颤巍巍的破嗓音哼着这些小调的时候，有时也会发现自己像个小孩子似的哭泣起来呢？

《忏悔录》

我不只是在谈话时感情敏锐，思想迟缓，甚至在我独自一人工作的时候也是这样。我的思想在头脑中经常乱成一团，很难整理出头绪来，这些思想在脑袋里盘旋不已，嗡嗡打转，像发酵似的，使我激动，使我发狂，使我的心怦怦直跳；在这种激动的情况下，我什么都看不清楚，一个字也写不出来，我只得等待着。后来，不知不觉地这种海浪般的翻滚渐渐平静下去，这种混沌局面慢慢地打开了，一切都按部就班地排列起来；但是这个过程很慢，而且是经过了一段漫长而混乱的动荡时期。

《忏悔录》

然而，渐渐地一切都有了安排，每一件东西都有自己的位置，你会惊讶地发现，在这长时间的混乱之后，随之而来的竟然是这样一个赏心悦目的场面。这种情况，和我要写作时脑袋里所发生的情况大致相同。如果我善于等待，我就能把我所要表现的事物的美全

卢梭的忏悔

部描绘出来,能超过我的作者恐怕没有几个。

《忏悔录》

音乐对我说来是另一种激情,虽然不十分炽热,但也同样耗费我的精力,因为我对它也入了迷。我拼命钻研揣摩的那些难懂的著作,虽然我的记忆力已不听我使唤,我还是固执地加重它的负担。为了教音乐课我不断地东奔西跑;此外我还编写了一大堆乐曲,时常要通宵抄写乐谱。但是,为什么要提到这些经常性的工作呢?在我这轻佻的头脑中所想的一切蠢事,那些为时短暂、只占一天时光的爱好:一次旅行,一次音乐会,一顿晚餐,一次散步,读一本小说,看一出喜剧,所有这一切无须事先考虑安排就可以享受到的快乐或办得到的事情,对我说来都同样可以成为十分强烈的激情,当它们变得热烈可笑的时候,都能把我折腾得够呛。

《忏悔录》

这年冬天,巴里约从意大利回来,给我带来了几本书,其中有邦齐里神父所写的《消遣录》和所编的《音乐论文集》。这两本书使我对音乐史和对这种艺术的理论研究发生了兴趣。

《忏悔录》

还有一种音乐，我觉得比歌剧院的还要好，不但在意大利，就是在全世界也无可比拟，那就是 scuole 的音乐。所谓 scuole，就是一些慈善性质的学校，专门教育贫苦女孩子，养成后由共和国资助，或者出嫁，或者进修道院。在教给这些女孩子的技艺之中，音乐占首要地位。每星期日，在四所学校的每一所教堂里，晚课时间都有圣曲，由规模很大的合唱队和乐队演奏，演奏者和指挥都是意大利的第一流大师，演唱者都站在装着栅栏的舞台上，全是女孩子，最大的还不到二十岁。我真想象不到任何东西能像这种音乐一样悦耳和动人：内容的丰富、歌声的优雅、嗓音的美妙、演奏的准确，这一切配合起来给人一种印象，当然跟宗教的气氛不是那么协调，但是我相信没有一个人的心能不受感动的。

《忏悔录》

我沉醉于乡村景物中的几天之后，才想到应该把文稿整理一下，把工作安排安排。一如既往，我规定上午抄乐谱，下午带着我的小白纸本和铅笔去散步。我从来只有在露天下才能自由自在地写作和思考，所以不想改变这个方法，我打算从此把那片几乎就在我门口的蒙莫朗西森林当作我的书房。我已经有好几部作品都开了头，现在拿起来检阅了一番。我的写作计划是相当壮观的，但是在城市的喧嚣之中，进展一直很慢。我原打算等到纷扰减少一点的时候，稍微做得快一些。我想现在可以说夙愿是终于实现了。

《忏悔录》

可是请你告诉我,他对于躲在你嘴角边以及我在幸福时刻我的嘴巴敢于取暖的那爱情之窝,是怎么处理的?他没有给这两只嘴角以它们的优美,他没有给这张嘴以愉快和严肃的转换,你微微一笑,它立即转变,并给心灵带来我不知道是什么样的喜悦,我不知是什么突然的、无法形容的陶醉。的确,你的画像不会从严肃转变为微笑。啊!这正是我要抱怨的地方:为了能表达你的一切娇媚,就应该描绘你生平的每时每刻。

《于丽的画像》

我所写的关于我刚踏入青年时代的生活细节的长篇叙述,一定让人看了觉得非常幼稚,我对此深感遗憾。虽然在某些方面,我生来像个大人,但在相当长的时期我始终还是个孩子;就是现在,我在很多方面还像个孩子。我没向读者保证介绍一个大人物,我保证的是按我本来的面貌叙述我自己。再说,要了解我成年以后的情况就必须先了解我的青年时代。由于在一般情形下,各种事物当时给我的感受,总不如事后给我留下的印象那样深刻,又由于我的一切观念都是一些形象,因此,留在我头脑中的最初那些形象便一直保存着，以后印入我头脑中的形象，与其说是遮盖了原来的形象，不如说是和原来的形象交融在一起。我的感情和思想有某种连续性，以前的思想感情可以影响以后的思想感情，所以要很正确地评判后者，就必须了解前者。我处处在竭力阐述最初的原因，以此来说明所产生的后果。我希望能把我的心赤裸裸地摆在读者面前，为此，我要从各种角度来叙述，用事实真相来说明，以便使读者对我的心情的每一动荡都不漏过，使读者自己去判断引起这些动荡的始因。

《忏悔录》

如果我给自己做结论，并向读者说："我的性格就是这样！"读者会认为，我虽不是在进行欺骗，至少是自己把结论下错了。但是我老老实实地详细叙述我所遇到的一切、所做过的一切、所想过的一切以及所感觉到的一切，这样就不会使读者误解，除非我有意这样做；而且，纵然我有意这样做，也不容易达到目的。把各种因素集拢起来，确定这些因素所构成的人是什么样的人，这都是读者的事情：结论应该由读者去做。这样，如果读者下错了结论，一切错误都由他自己负责。可是要做出正确的结论，仅只忠实的叙述还是不够的，我的叙述还必须是详尽的。判定哪件事重要或不重要，那不是我的事，我的责任是把所有的事都说出来，交由读者自己去选

卢梭的忏悔

择。直到现在，我都是鼓足勇气，全力以赴，今后我还要坚持不懈地这样做下去。但是，对成年时代的回忆，无论如何，是不如对青年时代的回忆那样鲜明的。所以我开始时尽可能地利用我对青年时代的一些回忆。如果我的成年时代的回忆也是那样鲜明地浮现在脑际的话，不耐烦的读者也许会感到厌倦，但我自己是不会不满意的。我唯一担心的，不是怕说得太多或扯了谎，而是怕没有说出全部真相。

《忏悔录》

我终生最大的憾事，就是没有写旅行日记，以致生活中的许多细节今天都记不得了。我任何时候也没有像我独自徒步旅行时想得那样多，生活得那样有意义，那样感到过自己的存在，如果可以这样说的话，那样充分地表现出我就是我。步行时有一种启发和激励我的思想的东西。而我在静静坐着的时候，却差不多不能思考，为了使我的精神活跃起来，就必须使我的身体处于活动状态。田野的风光，接连不断的秀丽景色，清新的空气，由于步行而带来的良好食欲和饱满精神，在小酒馆吃饭时的自由自在，远离使我感到依赖之苦的事物：这一切解放了我的心灵，给我以大胆思考的勇气，可以说将我投身在一片汪洋般的事物之中，让我随心所欲地大胆地组织它们，选择它们，占有它们。我以主人的身份支配着整个大自然。

我的心从这一事物漫游到那一事物，遇到合我心意的东西便与之物我交融、浑然成为一体，种种动人的形象环绕在我心灵的周围，使之陶醉在甘美舒畅的感情之中。如果我竟有闲情逸致通过我的想象把这些稍纵即逝的景象描绘出来，那该用多么劲健的笔锋、多么鲜艳的色调和多么生动的语言来表现呀！有人说在我的著作中，虽然是上了年纪以后写的，也还能看到这一切。要是能看到我年轻时在旅行中想好和构思好而最后却未能写出的作品，那该多好啊！……你们会问我："为什么不写出来呢？"我就要说："为什么要写出来呢？为什么我要为了告诉别人而放弃自己当时应得的享受呢？当我洋洋自得地翱翔九霄的时候，读者、公众，甚至全世界，对我又算得什么呢？再说，我能随身带着纸吗？笔吗？如果我记着这些事，我就什么也想不出来了。我也不能预先知道我会有什么灵感，我的灵感什么时候来，完全在于它们而不在我，它们有时一点儿也不来，有时却蜂拥而至，它们的数量和力量会把我完全压倒，每天写十本书也写不完。我哪有时间来写这些呢？到了一个地方，我想的只是好好地饱餐一顿。起程时，我只想一路顺利。我觉得门外有一个新的乐园正在等着我，我一心只想去找它。

《忏悔录》

这便是我对于你的肖像在持续的观察后得出的批评意见。在这方

卢梭的忏悔

面我按照自己的思想拟订了把它改作的计划。我把我的想法告诉了一位有才能的画家；根据他已经做的来看，我希望很快就能见到更像你本人的你。我怕搞坏那肖像，我们试着在我请他做的复制品上作改动，当我们对我那效果确有把握时，他才把结果移到原画上去。虽然我画得相当差劲，这位画家却不断地赞赏我的观察的精细；他不理解那指导我的那位大师比他要高明得多。有几次他还觉得我非常古怪，他说我是企图隐匿起为别人喜见乐闻的东西的第一个情人；而当我答复他说，我如此小心地给你穿戴起来，是为了能更清楚地看到你的全貌时，他当我是个疯子。啊！如果我能发明一些方法可以同时显示出你的精神和容貌，而且同时能把你的谦逊连同你整个的美丽一起表现出来，那么你的画像将更加动人了！我的于丽，我向你起誓，你的画像经过这一改作，一定会获益不少。人们从中看到的只是画家想象的模样，而激动的观察者将想象到原来应有的模样。在你的人格里，我不知道有着怎样神奇的魅力，但所有接触到它的都会为它所感染；谁只消看到你的衣服的一个角，就会赞美穿着它的那人儿。人们看到你的服饰，便会到处感到，那是优美的面纱掩盖着美质，你那朴素的打扮的趣味，仿佛向心灵宣示着它隐藏的魅力。

《于丽的画像》

人们想得是对的，的确，我这部小说是在最炽热的心醉神迷中写出来的，但是人们以为必须有实在的对象才能产生出这种心醉神迷的境界，那就想错了：人们绝对意识不到我的心能为想象中的人物燃烧到什么程度。要不是有若干青年时代的遥远回忆和乌德托夫人的话，我所感到的和描写的那些爱情只能是以神话中的女精灵为对象了。我既不愿肯定，也不愿驳斥一个于我有利的错误。人们从我单印出来的那篇对话形式的序言中就可以看到，我是怎样在这一问题上让社会自己去捉摸的。要求严格的德育家们说我应该把真相爽爽快快地说出来。而我呢，我就看不出有什么理由非这样做不可，并且我相信，如果没有必要而作此声明，那就不是坦率而是愚蠢了。

《谈小说〈朱丽〉》

友谊·爱情

　　为了不肯和她分开,我在做过一切努力,冒过一切风险,不顾命运的折磨和众人的反对,和她一同度过了25年之后,终于在老年和她正式结婚了。在她,既无此期待,也无此请求,在我,既无成约在先,也未许下诺言。当人们知道了我这一段经过,一定会以为有一种疯狂之爱从第一天起就使我晕头转向了,后来只不过是逐步发展,把我引到了这最后的一个荒唐举动;当人们知道还有许多原该阻止我一辈子也不和她结婚的特殊的、有力的理由时,人们一定更要以为我是爱得发狂了。那么,如果我现在诚心诚意地对读者说——读者现在应该清楚地看到这一点——从我第一次见到她直到今天,我从来没有对她产生过一点爱情的火星,我没有占有她的欲望,正像过去不想占有华伦夫人一样,我在她身上得到的肉体的满足纯粹是性的需要,而并不是整个身心的交融,你们对此会做何感想呢?读者一定会以为,我的体质与别人不同,既然我对我所最亲爱的两个女人的依恋之情里也都没有任何爱情的成分,那我就根本不能体会爱情。等着吧,我的读者啊!极不幸的时刻就要到来,那时你会发现你所想的是大错特错了。

《忏悔录》

真诚的爱情的结合是一切结合中最纯洁的。

《忏悔录》

爱情不仅不能买卖,而且金钱是必然会枪杀爱情的。

《忏悔录》

追得太凶,爱情就跑得快,甚至把对方仅剩的一点好感也赶得无影无踪。

《忏悔录》

在爱情上,人的爱是专属的。

《忏悔录》

我的朋友,我感到一天天更加爱慕您;我已经不能再跟您分离;片刻的分离我都受不了;一见不到您,我便不断地想念您,我便要写信。

《共同的命运》

卢梭的忏悔

我在倾吐心曲之际,必须向您说明一项我强烈感觉到而您应该确信的实情:不管财产、家长和我们自己怎样,我们的命运已永远结合,我们只能共同幸福或不幸。我们的灵魂可以说在各方面都有了接触,我们也到处感觉到了紧密的联结。(我的朋友,如果我应用您的物理课用得不妥当,请您指正。)命运固然可以分开我们,却不能把我们拆散。我们将只有同样的快乐和同样的痛苦,而且像您对我谈起过的情人们一样,据说他们在不同的地方有同一的动作,我们在世界的两端也将感到同样的事物。

《共同的命运》

我们一起学习一年以来,我们的功课很少按部就班,也几乎遇到什么就学什么,这多半为了考查您的兴趣而不是为了引导;此外,我们经常心烦意乱,以致思想不够清醒。视线不怎么集中在书上;嘴里虽在念书,却一直不怎么用心。您的表姐心无旁骛,责备我们理解不深,她有幸可以轻易地超过我们。她不知不觉地成了老师的老师;我们有时虽然取笑她的自命不凡,但实际上在我们学过的功课方面,她是三人中唯一懂得其中的一些道理的。

《共同的命运》

我不知道自己是否误会了，但我觉得真正的爱情是一切关系中最纯洁的一种。是它，是它那圣洁的火才能净化我们自然的习性；把它们集中到爱这个唯一的目标上去；是它，使我们避免各种诱惑，它使得除了唯一的对象以外的异性对于这一性来说，不再成为异性。对于一个普通女人来说，一个男人永远是一个男人；但是在一个爱着的心看来，除了她的情人之外，再没有别的男人了。我说什么来着？一个情人不也是一个男人吗？啊！我说他是远为崇高的生物！在恋爱的女人心目中根本没有男人：她的意中人高于男人，一切其他人则低于男人，她和他是他们同类里的唯一的两员。他们没有邪念，他们相爱。心不跟随着感官，而是引导着它们；它用一张美妙的幕遮盖着他们的迷误。是的，只有放荡和它的粗野的语言才是猥亵的。真正的爱情总是庄重的，它不会用厚颜无耻的手段来攫取它的欢心，它是羞怯地争取到的。神秘、沉默、怯生生的羞惭刺激和掩盖着它的温柔和激情。它的火焰表彰和净化它的一切抚爱；即使在享受快感之中，端庄和诚恳也不会离开它，而且只有它懂得把这一切同欲望协调起来而丝毫不破坏羞耻心。

《不要抱怨爱情》

尊重自己对象的爱情，珍惜它的纯洁性，这是爱情在爱的对象

卢梭的忏悔

中找到的又一个完美性，而且害怕丢失它。情夫的自爱使他的对象变得更值得他钟爱，从而弥补了他对自己的克制；如果他的情人一旦受到他的爱抚，就失去了一切端庄，如果她的肉体成了他淫欲的俘虏，如果她的心因受到爱抚而燃烧起欲火，如果她那本已腐化的意志使她自己听命于他，那么，我很想知道，她身上还有什么值得他尊敬的。

《婚姻与情爱》

卢梭

（一）

我现在还什么都不能对你说。我在等待了解得更清楚些，反正或迟或早我一定会弄清楚的。同时，请你确信：被控的无辜者将会找到一个热烈的保卫者，足以让那些诬告者后悔，无论诬告者是什么人。

（二）

只要我现在不安的心情还继续下去，我既不能去看你，也不能接受你的访问。你说的那种信任现在不存在了，你想恢复也将是不容易的。现在，我在你的殷勤当中，所看到只是你想从别人的表白中得到某种合乎你的图谋的好处；而我这颗心，对一颗开诚相见的心是极易流露的，对诡计和狡诈却要关上大门。你说你难以看懂我的信，我却从中看出你惯常的机智。你以为我真傻到相信你没有看懂那封信么？不，但是我将以坦白来战胜你的诡巧。为不使你对我更不了解，我就进一步明说吧。

有两个结合很好的、彼此都无愧于对方的爱情的有情人，他们都是我亲爱的人；我当然料到你不知道我指的是谁，除非我把名字说出来。我猜测有人曾试图拆散他们，并且利用我来使他们两人之一产生忌妒。这种选择并不十分高明，但是对于那个坏心眼说来，似乎很方便；而这个坏心眼，我怀疑就是你。我希望这就清楚点了吧。

好啦，一个我最钦佩的女人，在我完全知晓的情况下，做出了那种无耻的事——把自己的心和身份给两个情人，而我也那么无耻，竟是这两个懦夫之一。如果我知道你一生中有一时一刻曾对她和我有过这样的想法，我一直到死也恨你；可是，我要责备你的，不是你曾经这样想过，而是你曾经这样说过。在这种情况下，我就不明白3人之中你想害的究竟是谁；不过，如果你爱安宁的话，你应该担心你的成功就是你的不幸。我对某些交往感到不好，这我既没有瞒你，也没有瞒她；但起因是正当的，我要用跟起因一样正当的方式来结束这种交往,我要使非法的爱情变成永恒的友谊。从来不会害人的我,能无辜地被人利用去害我的朋友们吗?绝对不能,我永远不能原谅你,我会变成你的不可和解的仇人。只有你的秘密还会受到我的尊重,因为我将永远不做背信之人。

我不相信我目前这种惶惑的心情还会延续很久。我很快就会知道我是不是弄错了。到那时,我也许要对太对不起人的事进行补赎,而我将感到这是做了平生最大的快事。但是,你知道在我还要在你身旁度过的短时间里,我将怎样补赎我的过失么?我将做到除我之外任何人都不能做到的事,我将坦白地告诉你社会上对你是怎样的想法,告诉你在名誉方面应该修补哪些缺口。尽管你有那么多所谓的朋友环绕着你,将来你看到我走了之后,你就永远向真理告别了,你再也找不到一个能跟你说真话的人了。

《致埃皮奈夫人》

当我爱上您时,我远没有料到我给自己造成了那一切不幸!起初我只感到那是一种没有希望的爱情,以为理智凭借时间之力能够战胜;后来认识到更大的不幸在于惹您讨厌;如今我又体会到所有苦恼中最厉害的是您自己痛苦的那种感情。于丽呀!我痛苦地看到,我的倾诉扰乱了您的宁静;您保持着顽强的沉默,但什么都逃不过我关注的心,它发现了您隐秘的激动。您的眼睛变得忧郁、迷惘,总是呆呆地凝视着地面；茫然若失的目光有时投向我；您娇艳的容颜憔悴了；异样的苍白蒙上了您的面颊；快乐离开了您；死气沉沉的愁容笼罩着您；只有您内心不变的温馨才保持住您一点儿幽默情绪。

《爱情短简》

敏感也罢，藐视也罢，对我的痛苦表示怜悯也罢，您在为这些而烦恼，我都看得出来；我担心我是否成了您烦恼的原因，而这种担心使我感到难过，其程度超过我因怀有希望而产生的高兴；因为不是我自己弄错，便是您的幸福对于我要比我自己的幸福更宝贵。

《爱情短简》

我掩饰的不过是一颗失望的心里的适度的激情而已。明天您将会感到高兴；虽然您能够这样说，我只有离去一举而没有更进一步。

《爱情短简》

我已沉默了很久，您的冷淡终于使我说话了。一个人可以为了道德而自我克制，但他决受不了他所爱者的蔑视。我必须离去。

《爱情短简》

卢梭的忏悔

我缺乏经验，为了指导我，她给了我一本某伯爵的忏悔录，"这本书，"她对我说，"是一位良师益友，你将来在社交场中会需要它的，不时参考参考有好处。"我怀着对赠书者的感激之情，把这本书保存了20年，但是一想到这位贵妇人仿佛认为我有风流才华，便常常哑然失笑。我读了这本书，马上就想跟作者交朋友。我这天生的气质并未欺我：他是我在文学界所曾有过的唯一真正的朋友。

《我写"忏悔录"》

（女人）有时为了达到自己的目的，既不许给你什么，也不答应你什么，却会使你所希望的比她们到时候真能给你的东西要多得多。

《忏悔录》

任何快乐都比不上一个心爱的正派女人所能给予的快乐。

《忏悔录》

和一位有知识的女人进行有趣味的和充满智慧的谈话，比书本中任何迂腐的大道理更能给青年人以方向。

《忏悔录》

我宁肯为我所爱的人的幸福而千百次地牺牲自己的幸福。

《忏悔录》

一个美丽的姑娘只能悦目，带来的只能是一时的欢乐；一个高尚的姑娘可以赏心，带给你一辈子幸福。

《忏悔录》

我是在重复我已经说过的话，这我知道；但是我必须重复。我的第一个需要，最大、最强、最不能扑灭的需要，完全是在我的心里；这个需要就是一种亲密的结合，极亲密之可能的结合；特别是由于这一点，所以我才需要一个女人而不是需要一个男人，需要一个女友而不是需要一个男友。这种离奇的需要是这样的：肉体上最紧密的结合还不够，我恨不得把两个灵魂放在同一个身子里，否则我就老是感到空虚。

《忏悔录》

我有朋友，男女都有。我以最纯洁的友情、最完美的敬意爱着他们，我企望着他们最真实的回报，我甚至根本就不曾想到要对他们的诚意稍加怀疑。然而这种友情，对我来说，却是苦恼的滋味多，甜蜜的滋味少，因为他们固执地、甚至故意地要拂逆我

卢梭的忏悔

的一切爱好，拂逆我的志趣，拂逆我的生活方式，以至于，只要我表示出想做一件只跟我个人有关而与他们毫不相干的事情，他们也会立即联合起来，迫使我放弃这个念头。不论什么事，不管我有什么想法，他们都固执地要控制我。而我不但不想控制他们的想法，连过问都不想过问，因此，他们这种固执就更加不公平了。他们的固执成了我的一种沉重的负担，并且太使我苦痛了，以致最后我每逢收到他们的信，临打开时总是预先感到一种恐惧，而后来读信时这种恐惧又总是得到充分的证实。我觉得他们个个都比我年轻，他们动不动就给我的那些教训，倒是他们自己所非常需要的，而他们竟拿来教训我，也未免太把我当孩子看待了。我常对他们说："我怎么爱你们，你们就怎么爱我吧；此外，不要管我的事，就跟我不管你们的事一样，我所要求于你们的，不过如此而已。"在这两点当中，如果说他们曾按照我的请求做到了一点的话，那至少也不是后面那一点。

《忏悔录》

在我死期将近的时候，唯一使我伤心的就是没有一个具有文学修养的心腹人，能把我的文稿保存起来，在我死后加以整理。自从我到日内瓦旅行以后，就跟穆尔杜结交了；我很喜欢这个青年，倒很盼望他能为我送终。我向他表示了这个愿望，并且我相信，如果他的事务和他的家庭容许他来，他一定会欣然前来尽这种人道责任的。我既得不到这种安慰，至少我要向他表示出我的信任，就把我的《萨瓦助理司铎的信仰自由》在出版前寄给他了。他对这篇文章很满意，但是在他的回信里，我觉得他似乎不像我当时等着看《信仰自由》的效果时那样放心。他又希望从我手里得到几篇别人没有看过的文章。我就把《故奥尔良公爵悼词》寄给他了，这篇悼词是我代达尔蒂神父写的，神父并没有拿去宣读，因为出乎他意料之外，奉派去读悼词的不是他。

《忏悔录》

我们喜欢什么，我们就想得到什么，而爱则应当是相互的。为了要受到人家的爱，就必须使自己成为可爱的人；为了要得到人家的偏爱，就必须使自己比别人更为可爱，至少在他所爱的对象的眼中看来比任何人都更为可爱。因此，他首先要注视同他相似的人，他要同他们比较，他要同他们竞赛，同他们竞争，他要妒忌他们。他那洋溢着感情的心，是喜欢向人倾诉情怀的；他需要一个情人，不久又感到需要一个朋友。当一个人觉得为人所爱是多么甜蜜的时候，他就希望所有的人都爱他；要不是因为有许多地方不满意，大家都是不愿意有所偏爱的。随着爱情和友谊的产生，也产生了纠纷、敌意和仇恨。在许多各种各样的欲念中，我看见涌现了偏见，它宛

卢梭的忏悔

如一个不可动摇的宝座，愚蠢的人们在它的驾驭之下，竟完全按别人的见解去安排他们的生活。

《欲念与自爱》

我当时认识人相当多，但是只有两个好朋友，他们是狄德罗和格里姆。我有一个愿望，就是要把我所爱的人都聚到一起。我既跟他们两人那么要好，他们俩也必然很快就互相要好了。我使他们俩建立了联系，他们俩彼此相投，便互相交结得比跟我还要密切。狄德罗认识的人数不胜数，但是格里姆，既是外籍，又是新到，需要多认识些人。我但愿能为他多多介绍。我已经给他介绍了狄德罗，又给他介绍了果弗古尔。我又把他引进舍农索夫人家里、埃皮奈夫人家里、霍尔巴赫男爵家里——我跟霍尔巴赫男爵几乎是不得已才结识上的。所有我的朋友都成了他的朋友，这倒是极其简单的。

《忏悔录》

还有许多交往，没有那么持久，我在这里就不提了。这些交往都是我初期的成功所带来的结果，等到好奇心一满足，交往也就完结。我本来是个一眼就能看透的人，今天见过我，明天就没有什么新鲜可看了。然而，却有一位夫人这时要和我结识，友情比所有别的友人都维持得长久些：她就是克雷基侯爵夫人，是马耳他大使弗鲁莱大法官先生的侄女，大法官的哥哥就是驻威尼斯大使蒙太居先生的前任，我从威尼斯回来时曾去看过他一次。克雷基夫人写了一封信给我，我就去看她了，她对我很友好。我有时在她家吃饭，在那里认识了好几个文人，其中有梭朗先生，他是《斯巴达克斯》和《巴尔恩维尔特》的作者，此后却成了我的极凶恶的敌人，而我就想不出有什么别的原因，除非是因为他的父亲曾很卑鄙地迫害了一个人，而我恰恰就跟这个人同姓。

《忏悔录》

即使说我对她的感情谈不上是什么真正的爱，那至少是我对她向我所表示的爱的一种温情的回报，那是快乐中的一种十分炽烈的肉欲，是谈话中的一种十分甜蜜的亲昵，其中具有激情的动人魅力，却没有因激情而使人丧失理智的那种狂热，以致虽有快乐也不会享受。我一生只有一次感到了真正的爱，但不是在她的身旁。我爱她从来不像爱华伦夫人那样，也正因为如此，我才觉得占有她时比占有华伦夫人时快乐百倍。在妈妈跟前，我的快乐总是被一种忧郁的情绪，一种难以克服的内疚心情所搅扰，我占有她的时候不但不感到幸福，反而总以为是辱没了她的品格。在拉尔纳热夫人身旁则完全相反，我以一个男人所能享受到的幸福而感到自豪，因此，我可以愉快地、放心大胆地纵情欢乐，我还可以分享我给予她的同样的欢乐，我的心情是相当安定的，我以无限的虚荣心与快乐感来欣赏我的胜利，并企图从这个胜利中得到更大的胜利。

《忏悔录》

她是可爱的，现在爱情使她变得更加妩媚动人了，使她完全恢复了青春的艳丽，她那卖俏的手段的高明，就是意志最坚定的男人也会被她迷住的。所以我当时很紧张，随时都想放肆一下；可是我又怕冒犯她，怕招她不高兴，我特别害怕的是被人嘲笑，受人揶揄、戏弄，给人提供茶余酒后的笑料，使那个无情的侯爵提到我的无礼举动时挖苦我几句。

《忏悔录》

我们在所爱的人的身边，感情就能充实智慧，正如它能充实心灵一样，并不怎么需要在这以外去冥思苦想。

《忏悔录》

在爱情上，对人的爱是专属的。

《爱弥儿》

爱情不仅不能买卖，而且金钱是必然会扼杀爱情的。

《爱弥儿》

幸福的夫妇生活必须建筑在爱情的基础上。

《新爱洛绮思》

我热烈地希望她能成为一个幸福的人，不管需要我付出多么大的代价，这个愿望吸引了我的一切感情。她虽然要把她的幸福同我的幸福分开，我却不管她愿意不愿意，要把她的幸福看成我的幸福。

《忏悔录》

有一天清早，我从公特拉诺瓦街经过，透过一家商店的橱窗，看见一个年轻的女店主，她风度优美，相貌动人，尽管我在女人面前很腼腆，我还是毫不犹豫地进去了，主动向她推荐我这小小的技能。她不但完全没有严词拒绝，反而让我坐下，叫我谈一下我的简短的经历，她同情我，劝我鼓起勇气，还说好的基督徒是不会把我扔下不管的。后来，在她叫人到一个邻近的金银器皿店去寻找我所需用的工具的时候，她亲自上楼到厨房给我拿来早点。这样开端似乎是个好兆头，其后的事实也没有否定这个兆头。看来，她对我的那点活儿还满意，而且对在我稍微安下心来后的那阵子海阔天空的闲聊更满意；由于她丰姿绰约，服饰华丽，虽然态度和蔼，她的风采仍引起了我的敬意，然而，她那充满盛情的招待、同情的语调以及她那温柔的风度，很快就使我一点也不感到拘束了。我认为我是成功了，而且还会获得更多的成就。然而，尽管她是一个意大利女人，又那么漂亮，在外表上难免显得有些风骚，但是，她却非常稳重，再加上我生来腼腆，事情就很难有迅速的进展。我们没有得到充分的时间完成这项奇遇。每当我回忆起和她在一起的那些短暂时刻，就感到极大的快慰，而且可以说，我在那里尝到了宛如初恋的那种最甜蜜、最纯洁的快乐。

《蒙莫朗西园林》

　　如果您能理解，那最初把我跟您联系起来的感情向我袭来时，我感到怎样的恐惧，您便能断定我心头的忐忑不安了。我是在一些严厉的格言之下教养出来的，最纯洁的爱情在我看来也是最大的伤风败俗。大家教导我或使我相信，一个多愁善感的姑娘只要嘴里吐露出一个温情的字眼，她就堕落了；在我繁杂的想象里把罪恶和承认爱情二者混淆在一起；于是我有一种很可怕的想法：从第一步到最后一步之间很难看到有什么间隔。对自己的极端的不信任加剧了我的惊惶；提倡谦虚我当作提倡贞洁；难以言传的苦恼我看成是欲念的发作。我以为自己一开口说话便会失足，然而又必须说出来，否则便会失掉您。这样，我既已不能再隐瞒我的感情，便力图激发您感情的宽宏大度；我依靠您更胜于依靠自己，想引起您的荣誉感来保护我，指望于我自认为欠缺的您的力量。

《甜蜜的爱》

我承认我搞错了；我一说出来，就感到安慰；您一回答，我就平静了；两个月的经验教导我：我太柔弱的心需要爱情，然而我的感官却毫不需要情人。您是爱德行的，请您来判断，这一幸福的发现使我觉得很高兴。从这耻辱的深坑——这是我的恐怖把我抛进去的——里出来，我尝到了纯洁相爱的美妙的快乐。这一状况成了我生活的幸福；它影响了我的性情和健康；我未必能想象出另一种更甜蜜的生活，爱情和天真无邪二者的协调，我认为那是尘世的天堂。

《甜蜜的爱》

我一天比一天更深切地感到，被您所爱是最大的幸福；没有也不可能有什么东西比得上它；如果必须在赢得您的心和把您据为己有二者之间进行选择的话，那么，可爱的于丽，我绝不会有片刻的犹豫。可是这种令人苦恼的取舍因何而起呢？自然界本来要二者结合的，为什么却变成不能相容呢？您说时间是宝贵的，我们要尽情享受眼前的时光，要慎防由于我们的急躁而扰乱了它平静的运行。

唉！愿时光流逝，也愿它幸运！但为了接受一种可喜的状态，是否应该忽略另一种更佳的状态，而且必须喜爱宁静胜过喜爱最高鸿福呢？会不会失掉可以更好地使用的时间？啊！假如一个人能够把一千年的寿命花在一刻钟，那么忧愁地计算他可活的日子有什么意思啊？

《甜蜜的爱》

如果您曾想以我的幸福来换取您专有的幸福，那就请您抛弃这种想法吧。如果我的名誉有亏，您也不要指望能幸福，也不可能以满意的目光观看我的受辱和眼泪。我的朋友，请相信我，我了解您的心比您了解的远为清楚。如此真实和温柔的爱情应当懂得控制欲望，坚持己见会使您自己吃亏，而要是使我遭受太多的不幸，到头来您也会倒霉。

《共同的命运》

我希望您能懂得，把我们共同的命运让我来安排，对我们俩是何等重要。我把您看得跟自己同样珍贵，您对此有何怀疑吗？您以为我会有您不能分享的洪福吗？不会的，我的朋友；我和您有同样的利益，但更多一点儿理性以引导它们。我承认我比您更年轻；但您可曾注意，一般理性在女性身上虽然比较弱些，也熄灭得较早些，却形成得更早些，好比柔弱的向日葵，生长和死亡都比橡树更早些。从幼年时开始我们就背负着一种很危险的负担，要注意保存它，这就很快唤醒了我们的判断力；而这是洞察事物结果的极好的方法，它可以敏锐地感到我们会遭遇到的危险。我越考虑我们的处境，我越觉得理性要求您的，正是我以爱情的名义向您提的要求。

《共同的命运》

如果说爱情使人忧心不安的话，则尊重是令人信任的；一个诚实的人是不会单单爱而不敬的，因为，我们之所以爱一个人，是由于我们认为那个人具有我们所尊重的品质。

《爱弥儿》

是的，我答应，我发誓，我自己要竭尽全力恢复理智，或者把我心头滋长的烦恼深深埋到心底去；但也请您把会置于我死地的含情脉脉的眼睛从我身上移开；请不要让我看到您的玉貌、您的丰姿、您的胳膊、您的纤手、您的金发、您的神态；请您躲避我那冒失的目光；请抑制您那感人的、让人听了不能不动心的声音；唉！为了使我的心能恢复平静，请您成为您以外的另一个人吧。

《吐露心声》

卢梭的忏悔

要我直截了当告诉您吗？在晚间闲暇时玩的那些游戏里，您对大家的态度都极度亲切；您一视同仁地对待我和别的人。就拿昨天说，我在游戏中受罚，您差一点儿没让我吻了您；您作了轻微的抗拒。幸亏我勉强忍住了。我当时的激动越来越强烈，几乎快要控制不住自己，然而我还是悬崖勒马了。啊！如果我能称心享受的话，即使这一吻是我最后的一息，我也将成为人类中最幸福的人而死去了！

《吐露心声》

我的于丽！您说我还没有了解您，这话说得有道理。我总以为了解您美好灵魂的所有宝藏，但我又总是发现有新的。世上有哪一个女子像您那样能把柔情和德行结合起来，用后者节制前者，使二者显得更富有魅力？在这使我懊恼的智慧里，我发现某种可爱和诱人的东西；而您又如此亲切地弥补了您给我造成的缺憾，我差一点儿把这些缺憾当作宝贵的东西。

《甜蜜的爱》

您说我们现在的情况很幸福，这些话全都是无可争辩的；我觉得我们本应该很幸福，然而我却不是这样。你嘴里说出来的聪明话没有用，大自然的声音更有力量。当它跟心声协调一致时，有抵抗它的方法吗？在这个尘世上，除了您再没有能牵惹我的灵魂和感官的东西了：是的，没有您，大自然与我何有。

《甜蜜的爱》

我终于只得承认这掩饰得不很高明的致命的秘密了！有多少次我曾发誓，只能让它跟我的生命一起离开我的心！你的生命处于危险中，这使我不得不倾吐心中的秘密，它从我的心房泄漏出来，于是体面丢失了。唉！我太守信用了；死亡是否比保持体面更惨呢？

《相通的心灵》

你很明白，你将因此而增加你良心的谴责；我心灵里丝毫没有邪恶的倾向。谦逊和诚实是我所珍视的；我喜欢在我简朴和勤劳的生活里培养这些美德。但如果上苍排斥它们，那我的努力有什么用？从我第一次不幸见到你那时开始，我就感到了那毒化我的感觉和理智的毒素；我从最初的一瞬就感到了；你的眼睛，你的感情，你的言谈，你的罪恶的笔，都逐日使毒性更为致命了。

《相通的心灵》

我不由自主地喜欢你。我的心在力量充沛时尚且不能坚持，难道现在倒能作一半的坚持吗？这颗完全不懂得掩饰的心，当它衰竭

卢梭的忏悔

时难道还能向你隐藏吗？啊，那难以迈出的第一步，本来是不该迈的；现在我怎能不迈其余的步子？是呀，从那迈出的第一步起，我就感到自己被拖进了深渊，现在你尽可随意使我怎样不幸都行了。

《相通的心灵》

我有了一颗经受痛苦的心，现在请赐予我一颗追求幸福的心。爱情——心的生命，是你来支持我快要垮掉的心。所爱者那美德的无法表达的魅力、那声音的无敌的力量、幸福、快乐、激情，您的这些特征多么扎人的心！被扎着的人，有谁能经受得住？啊！快乐的洪流是否足以淹没我的心？我又怎样来补偿一位忧心忡忡的情人的焦虑呢？于丽……不；我的……

《相通的心灵》

因此你尽可放心，我以使我们结合的那温柔纯洁的爱情的名义恳求你；这便是我对你克制和尊崇的保证；这也是你对本身的保证。你的恐惧为什么远超过我的愿望？我的心能领略到现在的幸福已经足够，我怎么还能渴望别的什么幸福？我们俩都年轻，的确如此；我们有生以来第一次也是唯一一次相爱，我们丝毫没有激情的经验；但引导我们的荣誉难道是个骗人的向导？莫非必须靠邪恶才能获得可疑的经验吗？我不知道我是否对自己有些误会，但我觉得我内心深处存在着率真的感情。我绝不是你在痛心时所说的那种卑劣的引诱者，而是个单纯的和敏感的人，我不转弯抹角表露自己的感受，而且认为丝毫不必为之感到脸红。总而言之，我厌恶罪行，比我爱于丽更强烈。

《甜蜜的爱》

啊！我热爱着你本身的美，难道不是主要地因为你的内心活跃着纯洁的心灵，而且你的整个形象都带有神圣的印记吗？你害怕屈从于我的追求吗？可是，你所引起的感情全都充满了虔敬和善良，对于这样的追求有什么可害怕的呢？世上难道会有人卑鄙到竟敢粗暴地对待你吗？

《甜蜜的爱》

然而我在受苦，并日见憔悴；火在我的血管里流动；既不能予以扑灭又不能使之缓和，我想加以抑制，却反而激怒了它。我应该是幸福的，我同意是这样；我毫不抱怨我的命运；我目前的景况，即便是地上的国王我也不愿与之交换。可是，一种真正的苦恼在折磨我，我想逃避它而不可得；我决不愿意死，然而我在死去；我想为您而活着，您却在要我的命。

《甜蜜的爱》

卢梭的忏悔

她的这种依恋之情是经得起时间的考验、经得起一切折磨的，凡是看来会使我的情意断绝的事情，从来都只使之更加强烈。她曾在我苦难到极点的时候令我心醉，而我直到写这段文章的时候，都不曾对任何人抱怨过一句。以后当我揭示她在我心上留下的疮疤和伤痕的时候，人们就会看出我对她的依恋强烈到什么程度了。

《忏悔录》

小姐，我看只有一个办法可以使我脱离困境：那便是由使我陷入困境的那只手，把我从中拉出来；我的痛苦，如同我的过失一样，是来源于您；出于对我的怜悯，至少须劳驾您亲自来拒绝我。请把我的信交给您的双亲，享我以闭门羹，用随便什么理由把我逐出门外。我为了您什么都能忍受，但我不能自己逃避您。

《吐露心声》

比起您个人的可爱之处来，您这些感情的魅力才是我所更为爱慕的。我相信可能有人把您设想得更为美丽；但要把您设想得对一个正直的人的心灵更为可爱和更为相称，于丽呀，那却是不可能的。

《吐露心声》

有的时候我竟认为，上苍早已神秘地使我们感情一致，趣味相投，而且年龄相当而自鸣得意。我们还如此年轻，我们天然的习性并没有变质，我们的一切爱好看来都很接近。我们还没有受世俗偏见的影响，我们在感受和观点上是一致的；那么我为什么不敢设想，在我们心灵里也具有我感觉到的那种在见解上的一致呢？有的时候，我们的目光会相接；我们也会同时发出几声叹息；同时悄悄抛洒几滴眼泪……啊，于丽！这种一致仿佛来自更遥远的地方……仿佛是上苍定下的……一切的人间力量……啊，请原谅！我迷糊了，我竟把我的心愿当作了希望；我的热切的愿望竟把实现不了的可能性当作目标了。

《吐露心声》

我们既心心相印，又气质相投，不久就产生了通常应有的效果。她觉得在我身上看到了一个正直的人；她确实没有看错。我觉得在她身上看到一个多情、质朴而又不爱俏的女子，我也没有看错。我预先向她声明，我永远不会抛弃她，也永远不会和她结婚。爱情、尊敬、真诚，这就是我取得成功的原因；也正因为她心地善良忠厚，所以我虽然在女人面前胆子不大，却取得了美满的成果……

《忏悔录》

卢梭的忏悔

　　我始终把我跟我的戴莱丝相结合的那一天看作是固定我的精神生活的一天。我需要恋爱，因为原来可以使我满足的那场恋爱终于被那么无情地斩断了。幸福的渴望在男子的心里是永不熄灭的。

《忏悔录》

　　我们的这种消遣也许比占有她更有意味。女人最使我们留恋的，并不一定在于感官的享受，主要还在于生活在她们身边的某种情趣，这话一点不错！

《忏悔录》

　　我把我心头的两个偶像——爱情与友谊——想象成为最动人的形象。我又着意地用我一向崇拜的女性所具有的一切风姿，把这些形象装饰起来。我想象出两个女朋友而不是两个男朋友，因为两个女人之间的友谊的例子，唯其比较罕见，也就越发可爱。我赋予她们以两个相似的，却又不同的性格；两个不算完美，却又合乎我的口味的面容；这两个面容又以仁慈、多情而更加容光焕发。我让她们俩一个是棕发，另一个是金发，一个活泼，另一个温柔，一个明智，另一个软弱；但是软弱得那么动人，似乎更足以见其贤德。我为二人之一创造出一个情人，而另一个女人又是这情人的温柔多情的朋友，甚至还有些超出朋友的程度；但是我不容许产生争风、吃醋、吵闹等情事，因为任何令人不快的情感都要我费很大的气力才能想象出来，也因为我不愿以任何贬低天性的东西使这幅笑容可掬的图画黯然失色。我爱上了我这两个妩媚的模特儿，我便尽可能使我自己和那个情人兼朋友一致起来；不过我把他写成亲切的、年少的，另外再加上我觉得我自己具有的许多美德和缺点。

《忏悔录》

据我所知，有两种完全不同而又完全真实的爱情，它们虽然都很强烈，但是彼此间几乎没有共同的地方；它们跟亲密的友谊也不一样。我整个一生被这两种风马牛不相及的爱情各占去一半，甚至我曾在同一时间亲身体验了这两种爱情。

《忏悔录》

我不谈没有无欲望的爱情，因为我是有欲望的，世界上能有既无挂虑、又无嫉妒心的爱情吗？人不是都想知道一下自己所爱的对象是否爱自己吗？可是我一辈子没有想到向她提出这个问题，我只想到问我自己是否爱她；她对我也是如此，对于这个事，她从来没有表现得比我更加关心。

《忏悔录》

卢梭的忏悔

任何一个人,不管他的灵魂多么卑鄙,他那颗心多么粗野,到时候也不会不发生某种爱慕之情的。

《忏悔录》

我敢这样说:仅仅感受到爱情的人,还不能感受到人生中最美好的东西。我有一种另外的感觉,这种感觉或许没有爱情那么强烈,但却比爱情要甜蜜千百倍,它有时和爱情连在一起,但往往又和爱情不相关。这种感情也不是单纯的友情,它比友情更强烈,也更温柔。我并不以为它能够发生于同性的朋友之间;至少,我虽然是一个最好交朋友的人,却从没有在任何男朋友身上有过这种感觉。这现在还不十分清楚,但以后会清楚的,因为情感只有通过它的表现才能说清楚。

《忏悔录》

一旦荣誉抛弃了爱情,爱情就会失去它最大的魅力:要体会它的整个价值,心灵必须对它尊崇奉承并让它在抬高所爱恋的对象时也抬高我们。丢掉它的完善的思想,也就丢掉了它振奋的能力;丢掉尊敬,爱情便没有什么了。

《允诺》

软弱和不幸是我的命，那就是我的命运。就让我哭泣和受苦好了；我的哭泣不会停止，正像我的过失不能弥补一样，甚至能医好一切的时光，也只给我流泪以新的主题。可是你，你没有什么暴力可以害怕，没有耻辱可以使你丢脸，没有东西可以让你卑鄙地掩饰你的感情；你只感到厄运的袭击，你至少可以享受原来的德行，你怎么竟能堕落到像女人一般呻吟和叹息，像疯子一般狂怒？你是否嫌我为你所受的蔑视不够，还要增加它，使你自己也受到蔑视，并以你我的耻辱同时把我压垮？那么回顾一下你的坚强吧，要顶住厄运并做个男子汉。还要做（如果我能这样说）于丽选定的情人。啊！假如我已不再值得鼓励你的勇气，要记得我至少曾有过那样的日子；我再不能这样，那在你是咎有应得；你可别让我第二次丢脸。

《不要抱怨爱情》

我请求你让我们永远结束互相抱怨；我受不了这样。上帝哟！当人们相爱时，怎么能够彼此吵架，并在相互制造的烦恼里浪费掉那迫切需要进行安慰的宝贵时间？不，我的朋友，虚构一种不存在的不愉快有什么用呢？我们要抱怨命运而不要抱怨爱情。从来不曾形成过如此美满的结合；从来不曾形成过更恒久的结合。我们的灵魂已经混合得如此好，再也不能分离，我们彼此再也不能离得远远

卢梭的忏悔

地生活,像同一个整体的两个部分那样。那么你怎么能只感到你的痛苦?你怎么完全不感到你女友的痛苦?在你的胸口你怎么听不见她那柔和的呻吟?它们比起你那暴躁的喊叫来更不知道要痛苦多少倍!我的不幸,假如你想与我分担,它们将比你自己的不幸更不知道要严酷多少倍!

《不要抱怨爱情》

(应该)把妇女当作一种美来加以赞赏,当作一种施以温情的对象,而不是玩弄和占有的对象。

《忏悔录》

当你真正感到对方的话是肺腑之言的时候,自己的心灵也一定会敞开来接受一个陌生心灵的真情流露;一个教育家的全部箴言也赶不上你所爱恋的一个聪明女人的情意缠绵的话语。

《忏悔录》

恨和爱一样,是容易使人轻信的。

《忏悔录》

纯洁的品行里有其特有的乐趣,这种乐趣不亚于另一种肉感之乐，因为它不会松弛，不会中断。

《忏悔录》

仅仅感受到爱情的人，还不能感受到人生中最美好的东西。一种另外的感觉，这种感觉或许没有爱情那么强烈，但却比爱情甜蜜千百倍，它有时和爱情连在一起，但往往又和爱情不相关。这种感情也不是单纯的友谊，它比友情更强烈，也更温柔。

《忏悔录》

请允许、请务必允许我享受被爱……被……所爱的那种突如其来的幸福……世界王位的宝座，我把它看得一文不值！你用火辣辣的文字写下你的爱情和情感的这封珍贵的信，我反复读了千百次；在这封信里，一颗热烈的心虽然非常激动，我高兴地看到在那真诚的灵魂里，最汹涌的激情依然保持着美德的神圣的品质！读了你这封感人肺腑的信后，什么样的怪物才会滥用你的处境并以最明显的行为来表明对他本人的最深的轻蔑？不，亲爱的情人，请信任一个决不会欺骗你的忠诚的朋友好了。

《甜蜜的爱》

我的理智将永远不清，即使我的理性的困扰会与时俱增，你本人今后不仅对于我是最可爱的，也是一个最值得尊敬的最神圣的被庇护者。我的爱情和它的对象将共同保持着始终不变的纯洁。用手接触你贞洁的肉体，将比最丑恶的乱伦更使我胆战心惊；你跟你的情人相处，跟你与令尊相处有同样的绝对安全。啊！如果这个幸福的情人在你跟前有片刻的失态，那么于丽的情人将是灵魂肮脏的人！不，当我不再热爱美德时，我也不再热爱你了；只要我一有卑劣的行为，我就不再要你爱我了。

《甜蜜的爱》

从此以后我不再害怕您了；而当我注意避免单独跟您在一起时，这既是为了您，也是为了我：因为您的眼睛和叹息表明，您的激情更多于您的理智；假如您忘记了您所作的承诺，我却不曾忘记。

《甜蜜的爱》

您同样不公正地责备我想把您从自我苦斗中拯救出来，仿佛您不该因此感谢我似的。其次，您取消了自己承担的约束，认为是太沉重的负担；这样，在同一封信里您还抱怨您的负担太重，又抱怨它还不够重。请您好好想想这些事，不要使自己前后矛盾，使您那些所谓的抱怨较少地带有轻浮的色彩；或者抛掉所有这些与您的性格不符的伪装。不论您怎么说，您心里对于我的心比您装出来的样子是更为满意的：忘恩负义的人，您完全明白，我的心对您从未犯过错误！

《甜蜜的爱》

卢梭的忏悔

婚姻·家庭

卢梭

世上最幸福不过的事莫过于有一个琴瑟相谐的社会关系，我的意思是说自然关系的影响比社会关系的影响要大得多，它甚至可以决定我们一生的命运，而且在爱好、脾气、感情和性格方面是如此严格地要求双方相配……这样一对彼此相配的夫妇是经得起一切可能发生的灾难的袭击的，当他们一块儿过着穷困的日子的时候，他们比一对占有全世界的财产但离心离德的夫妻要幸福得多。

《爱弥儿》

两性的结合——这个行动的本身是最无关紧要的；夫妻之间的忠实只是为了顾全外表，它的道德意义只涉及公众舆论；做妻子的唯一责任就是使丈夫安心，因此，不为人所知的不忠行为，对于她所欺骗的丈夫来说是不存在的，对于自己的良心也是一样的。

《忏悔录》

在儿童时期没有养成思想的习惯，将使他从此以后一生都没有思想的能力。

《爱弥儿》

只要父母之间没有亲热的感情，只要一家人的聚会不再使人感到生活的甜蜜，不良的道德就势必来填补这些空缺了。

《爱弥儿》

我已经讲过我年轻时怎样失眠。从那时起我就养成习惯，天天晚上躺在床上看书，感觉到眼皮发重了，我就灭掉蜡烛，勉力眯盹一会儿，时间总是长不了。

《忏悔录》

尽管行为端正是人类的天性，但孩子们自然是不知道这一点的，只有在知道有罪恶的时候才知道要行为端正；所以，当孩子们还没有而且也不应当有关于罪恶的知识的时候，他们怎样会有从这种知识中产生的认识，想到要行为端正呢？如果教训他说要行为端正和诚实，这无异是在告诉他们说有些事情是可羞的和不诚实的，无异是在暗中驱使他们想知道这些事情。他们迟早是会知道这些事情的，只要有一个小小的火花把他们的想象力点燃以后；就一定会加速使他们的感官火热地动起来的。凡是脸儿会发红的人，就有犯罪的能力了；真正天真的人对任何事情都是不害羞的。

《爱护纯真》

孩子们还没有具备成年人所有的那些欲望，但同成年人一样，他们也是容易沾染那些伤害感官的猥亵行为的，因此他们也可以接受针对这种行为所施行的良好教育。我们要遵照自然的精神，它把秘密的快乐的器官和令人厌恶的排泄的器官放在同样的地方，从而有时以这种观念，有时又以另一种观念教导我们在任何年龄都同样要那样的谨慎；它教成年人要节制，它教小孩子要爱干净。

《爱护纯真》

我认为，要使孩子们保持他们的天真，只有一个良好的办法，那就是：所有他周围的人都要尊重和爱护他们的天真。不这样做，则我们对他们所采取的一切控制办法迟早是要同我们预期的目的产生相反的效果的，微微地笑一下，或者眨一下眼睛或不经意地做一下手势，都会使他们明白我们在竭力隐瞒他们什么事情；他们只要看见我们向他们掩饰那件事情，他们就想知道那件事情。

《爱护纯真》

由于养成了受约束的习惯，结果就会使一个妇女形成一种她终生都必须具备的品质：温顺；她之所以必须具备这种品质，是由于她始终要听从一个男人或许多男人的评判，而自己又没有办法不受他们的评判的影响。一个女人应当具备的第一个重要的品质是温柔，因为，她既然是生成要服从有那样多恶习和缺点的男人，则她从小就要知道她应当毫无怨言地忍受一个丈夫不公正的行为和错误。她之所以要这样温柔，不是为了他，而是为了她自己。做妻子的人如果泼辣和顽强的话，其结果只会增加她的痛苦和丈夫的错误行为；如果她们要想征服他们，就不能使用这种武器。

《刚柔相济的男人和女人》

你的孩子要读书，他们在读书中可以取得他们如果不读书就不可能取得的知识。如果他去钻研的话，他们的想象力便将在寂静的书斋中燃烧起来，而且愈燃愈猛烈。当他们到社会中去生活的时候，他们就会听到一些鄙俗的话，就会看到一些使他们印象深刻的行为；你再三告诉他们说他们已长成为大人了，因而在他们看着大人所做的事情中，他们不免要追问这些事情怎样才可以由他们去做。既然别人所说的话，一定要他们听，则别人所做的行为，他们就可以照着去做了。家中的仆役是隶属于他们的，因此为了取悦他们，就不惜糟蹋善良的道德去迎合他们的心；有一些爱嘻哈打笑的保姆，在孩子还只有4岁的时候就向他们说一些连最无耻的女人在他们15岁的时候都不敢向他们说的话。她们不久就把她们所说的话忘记了。然而他们是不会忘记他们所听到的事情的。轻佻的言语为放荡的行为埋下了伏机，下流的仆役使孩子也成了放荡的孩子，这个人的秘密，正好供另一个人用来保守他自己的秘密。

《爱护纯真》

我几乎就是在她们遇到我的那个地方和她们分手的。我们分手时是多么依依不舍啊！我们又是怀着怎样喜悦的心情约定再次见面啊！我们一起消磨掉的12小时，在我们心里不亚于几个世纪的亲密关系。对这一天的甜蜜回忆不会给这两个可爱的少女带来任何损失；我们三个人之间的温馨的情谊，胜于更强烈的肉感乐趣，而这两者是不能并存的。我们毫无秘密、毫无羞愧地相爱着，而且，我们愿意永远这样相爱。至于我，对这样一个美好日子的回忆，比我一辈子所享受过的任何欢乐都更使我感动，使我心醉，使我留恋。我不明白自己对这两个可爱的姑娘到底有什么希求，但是我对她们俩都非常关心。可是，这并不等于说，如果由我自己来安排，我的心对两个人是一样的。我的感情上稍稍有一点偏爱；要是葛莱芬丽小姐做我的情人，那固然是我的幸福，然而，如果完全由我选择的话，我更愿意把她当作自己的密友。不管怎么样，在我离开她们俩的时候，我觉得我随便少了哪一个都是活不下去的。可当时谁能说，我今后再也见不到她们，而且我们那短暂的爱情就此结束了呢？

《快乐的一天》

我不喜欢人们装模作样地对孩子们说一套一本正经的话，也不喜欢大家为了不说出真情实况就转弯抹角地讲，因为这样反而会使他们发现你是在那里兜着圈子说瞎话。在这些问题上，态度总要十分朴实；不过，他那沾染了恶习的想象力，使耳朵也尖起来了，硬是要那样不断地推敲你所说的话的词句。所以，话说得粗一点，没有什么关系；而应该避免的，是色情的观念。

《爱护纯真》

首先，这个孩子对一种自然的需要所具有的观念，将使他想不到另外一种神秘的作用。痛苦和死亡这两个连带的观念用一层暗淡的面纱把他对神秘的作用的观念掩盖起来，从而便窒息了他的想象力，克制了他的好奇。这样一来，使孩子在心中想到的是生孩子的结果而不是生孩子的原因。这位母亲回答的话如果令人想到了可厌

卢梭的忏悔

恶的事情，使孩子再问下去的话，就必然会引申到去解释人类天性的缺陷、令人作呕的事物和痛苦的样子。在这样的谈话中，哪里会使他急于想知道生孩子的原因呢？所以你看，这样做，既没有歪曲真实的事实，也用不着去责备孩子，相反地，倒是给了他一番教育。

《爱护纯真》

如果说女人生来是为了取悦于和从属于男人的话，她就应当使自己在男人看来觉得可爱，而不能使他感到不快。他对她之所以那样凶猛，正是由于她有动人的魅力；她应当利用她的魅力迫使他发现和运用他的力量。刺激这种力量的最可靠的办法是对他采取抵抗，使他不能不使用他的力量。当自尊心和欲望一结合起来的时候，就可使双方互相在对方的胜利中取得自己的成功。所以，一方是进行进攻，另一方是采取防御；男性显得勇敢，女性显得胆怯，直到最后拿出大自然赋予弱者制服强者的武器——娇媚害羞的样子。

《刚柔相济的男人和女人》

两性之间相互的义务不是也不可能是绝对相等的。如果妇女们在这个问题上抱怨男子做得不公平的话，那是不对的；这种不平等的现象绝不是人为的，或者说，至少不是由于人们的偏见造成的。它是合理的，在两性当中，大自然既然是委她以生男育女的责任，她就应当向对方负责抚育孩子。毫无疑问，任何人都是不容许背信弃义的，任何一个不忠实的丈夫，如果在他的妻子尽到了女性的艰巨的责任之后，竟剥夺了她应当享受的唯一的报酬的话，他便可以说是一个不正直的野蛮人；但是，如果妻子不忠实，则后果就更糟糕了，她将拆散一个家庭，打破自然的一切联系……

《刚柔相济的男人和女人》

当我们论证了男人和女人在体格和性情上不是而且也不应当是完全相同之后，我们便可由此得出结论说：他们所受的教育也必须有所不同。他们固然应当遵循自然的教训，在行动上互相配合，但是他们不应当两者都做同样的事情；他们工作的目的是相同的，但是他们工作的内容却不一样，因此促使他们进行工作的情趣也有所差异。

《刚柔相济的男人和女人》

你必须把你叫女孩子去做的事情的意义给她们讲清楚，但是一定要她们把那些事情做好。懒惰和桀骜不驯是女孩子的两个最危险的缺点，而且，一有了这两个缺点，以后就很难纠正。女孩子们应当作事细心和爱劳动；这还不够，她们从小还应当受到管束。如果这样做对她们是一种苦楚的话，这种苦楚也是同她们的性别分不开的；而且，要是不受这种苦楚，她们将来一定会遭受更大的痛苦的。她们一生都将继续不断地受到最严格的约束：种种礼教和规矩。必须首先使她们习惯于这种约束，她们才不会感到这种约束的痛苦；必须使她们习惯于控制她们种种胡乱的想法，以便她们能使自己顺从他人的意志。

《刚柔相济的男人和女人》

不过，尽管所有的妇女们都希望而且也应当使男子们感到喜悦，然而怎样使有才德的人和真正可爱的人感到喜悦，和怎样使那些有辱男性和处处模仿女性的花花公子感到喜悦，在作法上是迥然不同的。无论天性或理性都不可能使一个妇女爱男人身上跟她相同的地方，反过来说，她也不应该为了取得男人的爱就学男人的样子。

《刚柔相济的男人和女人》

必须在粗豪质朴的人们当中生活过，才能知道快乐无知地生活可以使孩子们一直到多大的年龄都还是那样的天真。看见男孩子和女孩子是那样心地坦然地在年轻貌美的时候做那些天真的儿童游戏，看见他们在亲热中流露出纯洁的愉快的心情，真是令人又高兴又好笑。最后，当这些可爱的年轻人结了婚，两夫妇互相把他们个人的精华给予对方的时候,他们双方将因此更加亲爱了;长得结结实实的一群孩子,就是任何力量都不能加以破坏的这种结合的保证,就是他们青年时期美好德行的成果。

《爱护纯真》

如果你想永远按照正确的道路前进,你就要始终遵循大自然的指导。所有一切男女两性的特征,都应当看作是由于自然的安排而加以尊重。你一再说:"妇女们有好些这样或那样的缺点,而这些缺点我们是没有的。"你这种骄傲的看法将使你造成错误;你所说的缺点,正是她们的优点,如果她们没有这些优点,事情就不可能有目前这样好。你可以防止这些所谓的缺点退化成恶劣的品行,但是你千万不能去消灭它们。

《刚柔相济的男人和女人》

妇女们也不断在那里发牢骚,说我们把她们培养成徒具外表的撒娇献媚的人,说我们老是拿一些微不足道的小玩意去取悦她们的心,以便使她们容易受我们的控制;她们说我们责备她们的那些缺点是由我们造成的。……好吧,你就像培养男子那样培养她们好了,男人们一定是衷心赞成的。因为,她们愈是想学男人的样子,她们便愈不能驾驭男人;这样一来,他们才会真正地成

卢梭的忏悔

为她们的主人哩。

《刚柔相济的男人和女人》

首先要母亲的身体好，孩子的身体才能好；要女人关心，男子才能受到幼年时期的教育；而且，他将来有怎样的脾气、欲念、爱好，甚至幸福还是不幸福，都有赖于妇女。所以妇女们所受的种种教育，和男人都是有关系的。使男人感到喜悦，对他们有所帮助，得到他们的爱和尊重，在幼年时期抚养他们，在壮年时期关心他们，对他们进谏忠言和给予安慰，使他们的生活很有乐趣，所有这些，在任何时候都是妇女们的天职，我们应当从她们小时候起就教育她们。只要我们不根据这个原理去做，我们就会远离我们的目标，而我们教她们的种种训条，既无助于她们的幸福，也无助于我们的幸福。

《刚柔相济的男人和女人》

很明显，在家庭里，由于一些内在的原因，应由父亲来发号施令。第一，权力不能由父母平分掌握，管理必须是单一的，每逢有意见分歧时，必须只有一个占优势的意见来作出决定。第二，我们不论怎样看轻妇女特有的弱点，可是，由于她们一定会有一些不便活动的时间，我们有充分理由把她们排除于这种最高权力之外——

因为当天平处于分毫不差的平衡状态时，加一根草也足以使它一边偏重。而且，丈夫应当能够监督妻子的行为，因为确信他不得不承认并抚养的那些子女只属于他，这事对他是十分重要的。第三，子女必须服从父亲，开头是由于不得不然，后来是由于感恩。他们前半生既然靠父亲满足了种种需要，就应该贡献出后半生来赡养父亲。第四，仆人要为他服务，以换取他给他们预备的衣食，虽然当他们一感到这种约定不再合适时，也可以中途废约。

《论政治经济学》

我最初的用意还只是想给自己找一种消遣。后来我发现我找到的超过了愿望，我给自己找到了一个伴侣。我跟这位绝好的女子相处比较亲密了，又对我当时的处境稍微作了一番思考，我便感觉到，我想的只是寻点乐趣，而做的却大有助于我的幸福。我的雄心壮志熄灭了，需要有个强烈的情感代替它来充实我的心灵。说到底吧，我需要有人来接替妈妈：既然我不能再跟她一同生活了，我就需要有个人来跟她的学生一同生活，并且我能在这人身上发现她曾在我身上发现的那种心灵的质朴与柔顺。必须有私生活、家庭生活的那种温馨来补偿我所放弃的那种锦绣前程。当我单身独处的时候，我的心灵是空虚的，需要有另外一颗心来充实它。命运把那颗心从我身边夺去了，变掉了，至少是部分地夺去了，变掉了，而我正是大

卢梭的忏悔

自然为那颗心创造的。从此,我就是孤独的了,因为,对我来说,在得到全部与失去全部之间是没有中间道路的。我在戴莱丝身上找到了我所需要的替代者;由于她,我得到了情况所许的最大的幸福。

《忏悔录》

人类情感最初的发展,乃是一种新的情况的结果,这种新的情况把丈夫、妻子、父母、子女结合在一个共同住所里。共同生活的习惯,使人产生了人类所有情感中最温柔的情感:夫妇的爱和父母的爱,每个家庭变成一个结合得更好的小社会,因为相互依恋和自由是联系这一小社会的唯一纽带。于是,在男女两性的生活方式之间产生了最初的差别,在此以前,男女两性本来是只有一种生活方式的。从此,妇女便经常家居,并习惯于看守小屋和孩子;男人则出去寻找共同的生活资料。由于得到了一种比较舒适的生活,两性都开始失去一部分强悍性和气力。虽然,每个人单独战胜野兽的力量不如以前,但在另一方面,他们却比以前更便于集合起来共同抵御野兽了。

《论不平等的起源》

就一切跟性没有关系的东西来看,女人和男人完全是一样的:她也有同样的器官、同样的需要和同样的能力;身体的结构也是一样的，身上的各个部分和它们的作用也是相同的，面貌也是相像的；不管你从哪一方面看，女人和男人之间的差别只不过是大小的差别罢了。

《刚柔相济的男人和女人》

在两性的结合中，每一种性别的人都同样为共同的目的而贡献其力量，不过贡献的方式是不同的。由于方式不同，所以在两性的精神上也就产生了一个显而易见的差别。一个是积极主动和身强力壮的，而另一个则是消极被动和身体柔弱的，前者必须具有意志和力量，而后者只要稍为有一点抵抗的能力就行了。

如果承认这个原理的话，我们就可以说，女人是特地为了使男人感到喜悦而生成这个样子的。如果倒过来说，男人也应该使女人喜欢的话，那也只是一种不太直接的需要，因为，他的长处是在于他的体力，只要他身强力壮，就可以使她感到欢喜。我同意有些人所说的：这样的欢喜不是爱情的法则在起作用，但是，这是比爱情的法则更由来久远的自然的法则在起作用。

《刚柔相济的男人和女人》

卢梭的忏悔

卢梭

美育·康乐

从我们心中夺走对美的爱，也就夺走了生活的全部魅力。

《爱弥儿》

在人做的东西中所表现的美完全是模仿的。一切真正的美的典型是存在于大自然中的。

《爱弥儿》

一个人如果爱他自身更甚于爱他的财富的话，就能保持他运用思想的习惯。

《爱弥儿》

没有美德就毫无真正的幸福可言。

《忏悔录》

身体的衰弱，也影响了我的情绪，使我那好作奇思异想的热情冷淡了一些。由于感到体力衰退，我变得比较安定了，一心只想旅行的热望也有所减低。我比以前喜欢待在家里了，我感到的不是烦恼，而是忧郁。病态的敏感代替了激情，沮丧变成了悲伤；我时常无缘无故地叹息落泪，我觉得还没享受到人生的乐趣，生命就要逝去。

《忏悔录》

装饰的华丽可以显示出一个人的富有，优雅可以显示出一个人的趣味，但一个人的健康与茁壮则须由另外的标志来识别；只有在一个劳动者粗布衣服下面，而不是在一个嬖幸者的穿戴之下，我们才能发现强有力的身躯。

《论科学和艺术》

真正的美，是美在它本身能显出奕奕的神采。爱好时髦是一种不良的风尚，因为她的容貌是不因她爱好时髦而改变的。

《爱弥儿》

散步能促进我的思想。我的身体必须不断运动，脑力才会开动起来。

《忏悔录》

卢梭的忏悔

要学习思索，必须练习我们的四肢、感官以及各器官。它们是求知识的工具。欲求这些工具发生最大效用，为人配备这些工具的身体即必须健康。

《忏悔录》

身体虚弱，它将永远不会培养有活力的灵魂和智慧。

《忏悔录》

有一天，黎明的景色十分美丽，我赶紧穿上衣服跑到野外去看日出。我尽情地享受了这种快乐，那是圣约翰节以后的那个星期。大地披上了华丽的衣装，花草遍地，色彩斑斓；夜莺啼春已近尾声，唱得仿佛格外卖劲；百鸟用大合唱送别残春和迎接美丽夏日的降临。这是我这样的年纪不可再见的一个美丽的日子，是我现在居住的这块凄凉的土地上的人们从来没有见过的一天。

《快乐的一天》

真理·谎言

　　有两个非常重要的问题需要认真思考：第一，既然并非任何时候都非得讲真话不可，那么，一个人应该在什么时候，怎样对人讲真话呢？第二，有没有并无恶意的骗人的情况？第二个问题非常明显，这我是很清楚，在书里是否定的，因为书中最严厉的道义并不叫作者付出什么代价，而社会上却是肯定的，因为在社会上，书中的那种道义被视为无法实施的空谈。

《谎言》

　　把好处给予不该享有的人，就是扰乱秩序和正义；把一个可能导致赞扬或指摘、控告和辩解的行为不真实地推在自己或别人身上，那是行不公道之事。凡是与真理相违背，无论以何种方式都有损于正义的事情，都是撒谎，这就是准确的分界线。但，一切违反真实，与正义无涉的事情，都不过是虚构而已。我承认，如果谁把一个纯

卢梭的忏悔

粹的虚构当作撒谎而引以自咎,那他肯定具有比我更敏感的良知。

《谎言》

通向谬误的道路有千百条,通向真理的道路只有一条。

《忏悔录》

我对撒谎本来就厌恶,而在写《忏悔录》的时候,我对这种厌恶,更是感受得深切。因为,在写作中,如果我的习性稍为偏向于这方面,那么,撒谎的念头就会时不时地、强烈地冒出来。然则,我非但没有对应由我承担的事情避而不写或稍加掩饰,而且,出于一种我解释不清的,或许是对一切效仿都很反感的心理倾向,我认为,与其过于宽宥地原谅自己,倒不如过于严厉地指责自己,于是,我就在相反的方面撒了谎。我凭良心可以肯定,我有一天将受到的审判,不会比我的自我审判更加严厉。是的,由于我灵魂的高尚,我才会这样说和这样感受。我在《忏悔录》中所表现的真诚、真实和坦率,没有一个人能够做到,至少我是这样认为的。我感到我的善多于恶,所以我乐于把一切都说出来,我也说出了一切。

《谎言》

我从来没有少说什么。有时我还多说了,但不是在实情上,而是在情境中。这一类的撒谎与其说是出于有意为之，倒不如说是想象力的激发所产生的效果。称之为撒谎，甚至是错误的。因为，诸如此类的添枝加叶都不是撒谎。我写《忏悔录》时，人已经老了。那些无谓的人生乐趣，我都经历过了，而心灵感到空空如也，对它们我已经厌倦了。我凭记忆去写，但这种记忆又常常不足，或者只给我提供一些不完整的回忆。我便用我想象的、但又不与事实相违的细节去弥补回忆的不足。我爱在我一生的那些幸福时辰上流连忘返，深情的眷恋常常叫我用华丽的辞藻去美化它们。对我忘却了的事情，我就把它们说成我觉得应该是或者实际上可能是的那样，但绝不走失我记忆中的样子。我有时给事实赋予各种奇特魅力，但我从未用谎言取代事实以掩盖罪过或欺世盗名。

《谎言》

言谈的效果不仅不容易觉察和认识，而且它们跟发表言谈时所处的境况一样在不断变化着。而唯独发言者的意图可以评价这些言谈，并确定其恶意或善意的程度，只有为了欺骗的企图而去讲假话，才算撒谎。就是欺骗的企图本身，也并不一定和损人的企图相关，有时甚至还有完全相反的目的；并非故意损人的企图还不足以使一个人的撒谎因而情有可原，而且还必须肯定一个前提，给交谈者造成的错觉无论如何不会危及他们本人或别人。肯定这一点不容易，也不多见，因此，撒谎纯粹无恶意也同样不容易，不多见。为自身利益撒谎，那是冒骗；为他人利益撒谎，那是诈骗；为了陷害而撒谎，那是造谣中伤；诸如此类都是最坏的撒谎；而对自身和他人都无害亦无利的撒谎，那不算撒谎。那只是虚构而不是撒谎。

《谎言》

被人称作好意的撒谎倒是真正的撒谎，因为，为了有利于己或人而进行欺骗，与为了有损于己而进行欺骗，都是不公正的。无论谁违反事实地进行赞扬或诋毁，一涉及某个真实的人，他就是撒谎。如果涉及的是一个虚构的人，他尽可以说出想说的一切，而不算撒谎。除非他从道义上去评判他所编造的事实，除非他对此不真实地作出判断。因为，他虽然在事实上没有撒谎，但他违背了道义上的真实在撒谎，而这道义上的真实比事实上的真实更可敬百倍。

《谎言》

我见过某些上流社会称为的真实的人，他们的全部真实都用在无聊的闲谈中，忠实地列举时间、地点、人物。他们不许自己作任何假设，对任何情况加枝添叶和进行夸张。凡不涉及他们的事情，他们都以最不可违背的忠实娓娓叙来。可一旦涉及对待某个与他们有牵连的事件，谈及某个触犯他们的事实，他们便使出浑身的解数，把事情说得对他们最有利。倘若撒谎于他们有利，他们绝不会克制自己不去撒谎。他们巧妙地利用这一手段，让人能够接受而又不会罪之以撒谎。因此，精明需要撒谎，再见吧，真诚。

《谎言》

至于那些于教育和实践毫无用场的真理，它们甚至连财富都算不上，怎么可能是应该具有的财富呢？何况，财产只有建立在有用的基础上，既然不存在什么实用性，就无所谓财产可言。人可以申请得到一块哪怕十分贫瘠的土地，因为至少可以居住；但是，一个漠不相关、对谁都不生效的无益的事实，无论是真是假，谁都不会发生兴趣的。在精神方面没有用的，在肉体方面亦然。任何无益的东西都不是非有不可的（一件东西必须是或者可能是有用的，它才必须具备）。必须具有的东西应该是或可能是有用的东西。因此，必须具有的真理就是和正义有关的真理。把真理用在那些其存在对谁都不重要、认识它又一无用处的无谓事情上，那就是对真理这个神圣的名词的亵渎。真理，如果毫无用处，就不是一件必须具有的东西。由此可见，对真情闭口不谈或予以隐瞒的人也就根本不算撒谎。

《谎言》

不说真话和说假话，是很不相同的两码事，然而，却可以因此

卢梭的忏悔

而产生一种同样的作用。因为每当这种作用不存在，那么结果当然都是一样。无论在哪里，只要真理是无关紧要的，那么，与此相反的谬误也就同样是无关紧要的。由此可以得出这样的结论：在相同情况下，说与真相不符的话去欺骗人的人，其不公正的程度并不见得比不说真相去欺骗人的人更甚。因为，对无用的真情，谬误者并不见得比不知者更糟。

《谎言》

带着某种说教目的来虚构，叫作寓言或神话。因其目的只是或只应是：用易于感人、令人赏心悦目的形式将有用的真理寓于其中。在这种情况下，人们几乎不去费心掩饰事实上包含着真理的谎言。不管怎么说，为讲寓言而讲寓言的人并没有撒谎。

《谎言》

我还要讲一句，仅考虑一本书所包含的优点是不够的，同时还应对它可能引起的灾祸作出估计。应该记住在能读到这本书的人中，品德恶劣、思想刚愎自用的读者要比正直的读者为数要多。在出版前，就应该对可能产生的好处与坏处、有益与无益进行比较——出版的究竟是一本好书还是坏书取决于这两者中哪一个占主导地位。

《论真理》

我记得在哪本哲学书中读到过：撒谎就是把应该披露的真情掩盖起来。从这个定义中所以推出这样的结论，对一个无须讲出的真情闭口不谈，这不是撒谎；但是，在同样情况下，一个人不光是没有道出真相，而且还讲了假的，那他算不算撒谎呢？按照这个定义，我们不能说他撒谎，因为，他给了一个他分文不欠的人一块伪币，他骗了这个人无疑，但他并没有占他的便宜。

《谎言》

普遍的、抽象的真理是一切财富中最宝贵的。没有它，人就成了睁眼瞎子；它是理智的眼睛。人就是通过它而懂得规规矩矩做人，做他应该做的事，去奔向自己的真正的目的。特殊的、个别的真理却并不总是财富，有时还是一种祸害，但经常是一种无关宏旨的东西，一个人应该知道，为了个人幸福而必须认识的东西也许并不太多；然而无论多少，毕竟都是属于自己的一笔财富。无论他在哪里发现，都有权要求得到它。谁剥夺他这种权利，就是犯了最不光彩的盗窃罪，因为它为每个人所共有，人人可把它交出，使之流通，而无丧失之虞。

《谎言》

卢梭的忏悔

真理在世界上几乎从未起过任何作用,因为人多为感情用事,而不是凭理智办事。他们一方面赞同美德,另一方面却在干坏事。

《论真理》

我首先要讲的,你假定你的作品发现了真理,这种假定并非你所特有的,这却是所有哲学家共同的。基于这种深信,他们发表了他们的著作,但是真理仍然有待发现。

《论真理》

卢梭

宗教·信仰

宗教，就其与社会的关系而论，——无论是一般的关系，还是特殊的关系，可以分为两种，即人类的宗教与公民的宗教。前一种宗教没有庙宇、没有祭坛、没有仪式，只限于对至高无上的上帝发自纯粹内心的崇拜，以及对于道德的永恒义务；它是纯粹而又朴素的福音书宗教，是真正的有神论，我们可以称它为自然的神圣权利。后一种宗教是写在某一个国家的典册之内的，它规定了这个国家自己的神、这个国家特有的守护者。它有自己的教条、自己的教仪、自己法定的崇拜表现。除了这个唯一遵奉这种宗教的国家而外，其余一切国家在它看来全都是不敬神的、化外的、野蛮的；它把人类的权利和义务仅仅伸张到和它的神坛一样远。一切原始民族的宗教便是如此，我们可以把它叫做公民的或积极的神圣权利。

《社会契约论》

卢梭的忏悔

如果我们希望孩子们掌握一些东西，就不应对他们谈论宗教。

《忏悔录》

我想谁都知道，一个儿童，甚至一个成年人，其有所信仰，都与所处环境有关。

《忏悔录》

他以一种深沉的、决不计较自己的成败得失的心情在尽自己的责任。只要他自己问心无愧，无论世上的一切是好是坏对他来说都无足轻重。如果国家繁荣，他也几乎不敢分享公共的幸福，他怕自己会因国家的光荣而骄傲起来。

《社会契约论》

宗教也可以使人们热爱自己的责任，这件事对国家有很重要的关系。但这种宗教的教条，却惟有当其涉及到道德与责任，而这种道德与责任又是宣扬这种宗教的人自己也须对别人履行的——的时候，才与国家及其成员有关。此外，每个人都可以有他自己所喜欢的意见，既然主权者对另一个世界是根本无能为力的，所以只要臣民们今生是好公民，则无论他们来世的命运如何，就都不是主权者的事情了。

因此，就要有一篇纯属公民信仰的宣言，这篇宣言的条款应该由主权者规定；这些条款并非严格地作为宗教的教条，而只是作为社会性的感情，没有这种感情一个人既不可能是良好的公民，也不可能是忠实的臣民。它虽然不能强迫任何人信仰它们，但是它可以把任何不信仰它们的人驱逐出境；它可以驱逐这种人，并不是因为他们不敬神，而是因为他们的反社会性，因为他们不可能真诚地爱法律、爱正义，也不可能在必要时为尽自己的义务而牺牲自己的生命。但如果有人公开承认了这些教条，而他的行为却和他不信仰这些教条一样，那就应该把他处以死刑；因为他犯了最大的罪行即在法律面前说了谎。

《社会契约论》

政治·经济

　　由自然状态进入社会状态，人类便产生了一场最堪注目的变化；在他们的行动也就被赋予了前所未有的道德性。惟有当义务的呼声代替了生理的冲动，权利代替了嗜欲的时候，此前只知道关怀一己的人类才发现自己不得不按照另外的原则行事，并且在听从自己的欲望之前，先要请教自己的理性。虽然在这种状态中，他被剥夺了他所得之于自然的许多便利，然而他却从这里面重新得到了如此之巨大的收获；他的能力得到了锻炼和发展，他的思想开阔了，他的感情高尚了，他的灵魂整个提高到这样的地步，以致于——若不是对新处境的滥用使他往往堕落得比原来的出发点更糟的话——对于从此使得他永远脱离自然状态，使他从一个愚昧的、局限的动物一变而为一个有智慧的生物，一变而为一个人的那个幸福的时刻，他一定会是感恩不尽的。

《社会契约论》

我设想，人类曾达到过这样一种境地，当时自然状态中不利于人类生存的种种障碍，在阻力上已超过了每个个人在那种状态中为了自存所能运用的力量。于是，那种原始状态便不能继续维持；并且人类如果不改变其生产方式，就会消灭。

然而，人类既不能产生新的力量，而只能是结合并运用已有的力量；所以人类便没有别的办法可以自存，除非是集合起来形成一种力量的总和才能够克服这种阻力，由一个唯一的动力把它们发动起来，并使它们共同协作。

这种力量的总和，只有由许多人的汇合才能产生；但是，既然每个人的力量和自由是他生存的主要手段，他又如何能致身于力量的总和，而同时既不致妨害自己，又不致忽略对于自己所应有的关怀呢？这一困难，就我的主题而言，可以表述为下列的词句：

"要寻找出一种结合的形式，使它能以全部共同的力量来卫护和保障每个结合者的人身和财富，并且由于这一结合而使每一个与全体相联合的个人又只不过是在服从自己本人，并且仍然像以往一样地自由。"这就是社会契约所要解决的根本问题。

这些条款无疑地也可以全部归结为一句话，那就是：每个结合者及其自身的一切权利全部都转让给整个的集体。因为，首先，每个人都把自己全部地奉献出来，所以对于所有的人条件便都是同等的，而条件对于所有的人既都是同等的，便没有人想要使它成为别

卢梭的忏悔

人的负担了。

其次，转让既是毫无保留的，所以联合体也就会尽可能地完美，而每个结合者也就不会再有什么要求了。因为，假如个人保留了某些权利的话，既然个人与公众之间不能够再有任何共同的上级来裁决，而每个人在某些事情上又是自己的裁判者，那么他很快就会要求事事都如此；于是自然状态便会继续下去，而结合就必然地会变为暴政或者是空话。

最后，每个人既然是向全体奉献出自己，他就并没有向任何人奉献出自己；而且既然从任何一个结合者那里，人们都可以获得自己本身所让渡给他的同样的权利，所以人们就得到了自己所丧失的一切东西的等价物以及更大的力量来保全自己的所有。

《社会契约论》

谁第一个把一块土地圈起来并想到说：这是我的，而且找到一些头脑十分简单的人居然相信了他的话，谁就是"文明社会"的真正奠基者。

《论人类不平等的起源和基础》

土地的耕种必然会导致土地的分配，而私有一旦被承认，也必然会产生最初的公正规则。因为，要把每个人的东西还给每个人，是以每个人能有一些东西为前提的；由于人们已经开始注意到未来，同时每个人都感觉到自己有些可以失掉的东西，因此每个人都怕由于损害他人而使自己遭到报复。这种起源之所以是很合乎自然的，特别是因为我们不可能撇开劳动去设想新生的私有观念。我们不能理解一个人要把原非自己创造的东西据为己有，除了因为添加了自己的劳动以外，还能因为添加了什么别的东西？只有劳动才能给予耕种者对于他所耕种的土地的出产物的权利，因而也给予他对于土地本身的权利，至少是到收获时为止。这样年复一年地下去，连续占有就很容易转化为私有。

《论人类不平等的起源和基础》

  永无止境的野心，与其说是出于真正需要，勿宁说是为了使自己高人一等的聚积财富的狂热，使所有的人都产生一种损害他人的阴险意图和一种隐蔽的嫉妒心。这种嫉妒心是特别阴险的，因为它为了便于达到目的，往往戴着伪善的面具。总而言之，一方面是竞争和倾轧，另一方面是利害冲突，人人都时时藏着损人利己之心。这一切灾祸，都是私有财产的第一个后果，同时也是新产生的不平等的必然产物。

《论人类不平等的起源和基础》

卢梭的忏悔

　　对于金钱的极端吝惜与无比鄙视兼而有之。对于我，金钱并不是多么可人意的东西；当我没有它的时候，我决不想它；当我有它的时候，由于我不知道怎样使用才合我的心意，只好把它长期存放起来；但是，只要遇到适意的良机，我便顺手花掉，连钱包空了都不知道。不过，不要从我身上寻找守财奴的怪癖——为了摆阔而大手大脚地花钱；恰恰相反，我总是偷偷地花钱，其目的完全是为了自己的快乐；我决不以挥金如土来炫耀自己，而是尽量隐蔽。我深深觉得，金钱不是由我这样的人使用的东西；只要手头有几文，我都感到可耻，更不用说去使用它了。万一我有一笔足能让我过惬意生活的收入，老实说，我决不会当一个守财奴。我一定把这笔款子统统花光，并不用它生利吃息。可是，我的不安定处境使我害怕。我热爱自由，我憎恶窘迫、苦恼和依附别人。只要我口袋里有钱，我便可以保持我的独立，不必再费心思去另外找钱。穷困逼我到处去找钱，是我生平最感头痛的一件事。我害怕囊空如洗，所以我吝惜金钱。我们手里的金钱是保持自由的一种工具；我们所追求的金钱，则是使自己当奴隶的一种工具。正因为这样，我才牢牢掌握自己占有的金钱，不贪求没有到手的金钱。

《忏悔录》

我不但从来不像世人那样看重金钱，甚至也从来不曾把金钱看做多么方便的东西；金钱本身是毫无用处的，要享受它，必须把它变成别的东西：必须购买，必须讨价还价，必须时常受骗；虽掷千金，难遂所愿。我本想得到一件质地好的货色，但如果用钱去买，弄到手必然是一件劣货。我以高价买鲜蛋，结果是个臭蛋；我以高价购买成熟的水果，结果是个未成熟的。我好美酒，但是到哪儿去找？到酒肆去吗？不论我怎样预防，结果我得到的还是伤身的劣酒。如果我非要称心满意不可，那便要操多少心，弄多少麻烦！我必须结识许多朋友，找代理人，送佣金，写信，东奔西走，等候佳音，而结果往往还是上当。金钱金钱，烦恼根源！我怕金钱，甚于我爱美酒。

《忏悔录》

一般说来，要认可对于某块土地的最初占有者的权利，就必须具备下列的条件：首先，这块土地还不曾有人居住；其次，人们只能占有为维持自己的生存所必需的数量；第三，人们之占有这块土地不能凭一种空洞的仪式，而是要凭劳动与耕耘，这是在缺乏法理根据时，所有权能受到别人尊重的唯一标志。

《社会契约论》

卢梭的忏悔

在人们还没有发明代表财富的符号以前，财富的内容只包括土地和家畜，只包括人们能够占有的现实财产。而当不动产在数量和面积上增长到布满了整个地面并都互相毗连起来的时候，一个人只有损害他人才能扩大自己的财产。那些或因软弱或因懒惰错过了取得财产机会的人们，虽然没有失掉任何东西，却变成了穷人。因为他们周围的一切都变了，只有他们自己没有变，于是他们不得不从富人手里接受或抢夺生活必需品。从此，由于富人和穷人彼此间各种不同的性格，开始产生了统治和奴役或者暴力和掠夺。在富人方面，他们一认识了统治的快乐，便立即鄙弃一切其他的快乐。并且，因为他们可以利用旧奴隶来制服新奴隶，所以他们只想征服和奴役他们的邻人。

这样，因为最强者或最贫者把他们的力量或他们的需要视为一种对他人财产上的权利，而这种权利按照他们的看法就等于所有权，所以平等一被破坏，继之而来的就是最可怕的混乱。这样，因为富人的豪夺、穷人的抢劫以及一切人毫不节制的情欲，扼杀了自然怜悯心和还很微弱的公正的声音，于是使人变得悭吝、贪婪和邪恶。

《论人类不平等的起源和基础》

自从一个人需要另一个人的帮助的时候起，自从人们觉察到一个人据有两个人食粮的好处的时候起,平等就消失。私有制就出现了,劳动就成为必要的了,广大的森林就变成了须用人的血汗来灌溉的欣欣向荣的田野,不久便看到奴役和贫困伴随着农作物在田野中萌芽和滋长。

《论人类不平等的起源和基础》

在这种状态中,一切事物可能始终是平等的,如果人们的才能是相等的话,例如,铁的使用与生产品的消费总能经常保持准确的平衡。但是,这种均衡,什么也维持不住,不久,就被打破了。强壮的人做的工作较多;灵巧的人可以从自己的劳作中获得较多的利益;聪明的人找到了一些缩短劳动的方法,或者农民需要更多的铁,或者铁匠需要更多的麦子。虽然彼此都同样地劳动,但有的人获得很多的报酬;有的人维持生活都有困难。这样,自然的不平等,不知不觉地随着"关系"的不平等而展开了。因此,由于情况不同而发展起来的人与人之间的差异,在效果上就更加显著,也更为持久,并且在同样的比例上开始影响着人们的命运。

《论人类不平等的起源和基础》

除了以上所说的一切不幸之外,希望人们再想想减短人的寿命、损毁人的体质的无数不卫生的职业,例如矿山的工作,各种金属和矿物的冶炼工作，尤其是铅、铜、汞、钴、砒素、鸡冠石等的采炼工作，以及其他每天都牺牲许多工人生命的危险职业（那些工人有的是瓦工、有的是木工和石匠、有的是开采石矿的工人），请把这一切都加在一起，我们便可以看到在社会的成立和完善化的过程中，人类所以减少的原因，人类的减少是许多哲学家所观察到的事情。

《论人类不平等的起源和基础》

富人没有为自己辩护的有力的理由和足以自卫的力量；他虽然很容易制服某一个人，却会被成群的前来抢劫他的财产的人们所制服。富人是以一人对抗全体的，由于富人与富人之间的相互嫉妒，因之他们不能联合起来对抗那些因抢劫的共同愿望而结合起来的敌人。为情势所迫，富人终于想出了一种最深谋远虑的计划，这种计划是前人从来没有想到过的，那就是：利用那些攻击自己的人们的力量来为自己服务，把自己原来的敌人变成自己的保卫者，并向他们灌输一些新的格言，为他们建立一些新的制度，这些制度对富人之有利正如自然法对富人之有害是一样。

《论人类不平等的起源和基础》

用奢侈来医治灾难，结果它所带来的灾难比它所要医治的灾难，还要深重；我们甚至可以说，无论在大小国家中，奢侈本身是所有灾祸中最大的灾祸；而且为了养活因奢侈而产生的成群奴仆和穷苦的人，农民和市民都被压榨得破了产。奢侈好像南方的热风，使草原和绿色的田野盖满了贪食的蝗虫，把有益动物的食料完全吃光，凡是这种热风所刮到的地方，无不发生饥馑和死亡。

《论人类不平等的起源和基础》

恢复穷人的损失要比恢复富人的损失困难得多，而且求之越急则得之越难。"无中不能生有"这句话对人生来说，跟在物理学里是同样真实的。金钱的种子就是金钱；有时候，取得第一枚金镑要比取得第二份100万金镑困难得多。

《政治经济学》

你骄傲地说："人民是我的臣属"，诚然，可是你又是什么人呢？你是你的大臣的臣属。你的大臣又是怎样的人呢？是他们的属员和情人的臣属，他们的仆人的仆人。你把一切都攫为己有，然后又一大把一大把地抛撒金钱；你修筑炮台，竖立绞架，制造刑车；你发布种种法令；你增加几倍的密探、军队、刽子手、监狱和锁链。可怜的渺小的人啊！所有这一切，对你有什么用？你既不能从中得到更大的利益，也不能因此就少受他人的抢劫、欺骗或得到更多的绝对权力。你经常说,"我们想这样做",实则你所做的往往是他人想做的事情。

《爱弥儿》

公意永远是公正的,而且永远以公共利益为归依;但是并不能由此推论说,人民的考虑也永远有着同样的正确性。人们总是愿意自己幸福,但人们并不总是能看清楚幸福。

《社会契约论》

一个傻子如果人们服从他,也能像别人一样惩凶惩恶;可是知道如何防范罪恶的才是真正的政治家。

《政治经济学》

让我们根据已经做出的事情来判定能够做出的事情吧。

《社会契约论》

既使是最强者也决不会强得足以永远做主人,除非他把自己的强力转化为权利,把服从转化为义务。由此就出现了最强者的权利。这种权利表面上看来像是讥讽,但实际上已经被确定为一种原则了。可是,难道人们就不能为我们解释一下这个名词吗?强力是一种物理的力量，我看不出强力的作用可以产生什么道德。向强力屈服，只是一种必要的行为，而不是一种意志的行为；它最多也不过是一种明智的行为而已。在哪种意义上，它才可能是一种义务呢？

姑且假设有这种所谓的权利。我认为其结果也不外乎是产生一种无法自圆的胡说。因为只要形成权力的是强力，结果就随原因而改变；于是凡是凌驾于前一种强力之上的强力，也就接替了它的权利。只要人们不服从而能不受惩罚，人们就可以合法地不再服从；而且，既然最强者总是有理的，所以问题就只在于怎样做才能使自己成为最强者。然而这种随强力的终止便告消失的权利，又算是什么一种权利呢？如果必须要用强力使人服从，人们就无须根据义务而服从了；因而，只要人们不再是被迫服从时，他们也就不再有服从的义务了。可见权利一词，并没有给强力增添任何新东西；它在这里完全没有任何意义。

你应当服从权力。如果这就是说，应该向强力屈服，那么这条诫命虽然很好，却是多余的；我可以担保它永远都不会被人破坏的。一切权力都来自上帝，这一点我承认；可是一切疾病也都来自上帝。难道这就是说，应该禁止人去请医生吗？假如强盗在森林的角落里抓住了我；不仅是由于强力我必须得把钱包交出来，而且如果我能藏起钱包来，我在良心上不是也要不得不把它交出来吗？因为毕竟强盗拿着的手枪也是一种权力啊。

那末，就让我们承认：强力并不构成权利，而人们只是对合法的权力才有服从的义务。

《社会契约论》

统治者最需要关心的事情，甚至他最不可缺的职责就是监督人们遵守法律。统治者是法律的臣仆，他的全部权力都建立于法律之上。同时，由于他享受着法律的一切好处，他若强制他人遵守法律，他自己就得更加严格地遵守法律。因为，他的榜样有如此巨大的力量，即使人民都情愿让他不受法律的约束，他也应该十分小心地使用这样危险的一种特权。这种特权乃是别人可能不久就想要夺取，并要常常用来为害于他的。实际上，由于一切社会契约的性质都是双方面的，所以谁也不可能把自己放在法律之上，而同时又不否认法律的优越性。

《政治经济学》

一家之父唯一需要小心的是谨防堕落，并保持自然欲望的纯洁，而使行政官腐化的正是这些东西。为求行为正确，前者只消扪心自问就够了，后者若一随心所欲社会变成叛逆。对于行政官来说，连他自己的理智都靠不住的，除了公众的理智即法律以外，他什么规律都不应该听从，因此天性曾造成了许多善于治家的父亲，可是，亘古以来人类智慧所造成的严明长官，却只有少数的几个。

《政治经济学》

假设一个国家是由一万名公民组成的。主权者是只能集体地并作为共同体来加以考虑的；但是每个个人以臣民的资格，则可以认为是个体。于是主权者对臣民就等于一万比一，也就是说，国家的每一个成员自己的那一部分只有主权权威的万分之一，尽管他必须全部地服从主权。假设人民的数目是十万人，臣民的情况依然不变，并且所有的人都同等地担负着全部的法律；然而他的表决权已缩减到十万分之一，于是在制定法律时，他的影响也就缩减到原来的十分之一。这时候，臣民始终还是一，但主权者的比率则随着公民的人数而增大。由此可见，国家越扩大则自由就越缩小。

《社会契约论》

一旦公共服务不再成为公民的主要事情，并且公民宁愿掏自己的腰包而又不愿本人亲身来服务的时候，国家就已经是濒临毁灭了。需要出征作战吗？他们可以出钱雇兵，而自己呆在家里。需要去参加议会吗？他们可以推举议员，而自己呆在家里，由于懒惰和金钱的缘故，他们便终于有了可以奴役自己祖国的军人和可以出卖自己祖国的代表。……

　　国家的体制愈良好，则在公民的精神里，公共的事情也就愈重于私人的事情。私人的事情甚至于会大大减少的，因为整个的公共幸福就构成了很大一部分个人幸福，所以很少还有什么是再要个人费心去寻求的了。在一个政绩良好的城邦里，人人都会奔向大会去的；而在一个坏政府之下，就没有一个人愿意朝着那里迈出一步了。因为没有人对于那里所发生的事情感兴趣，因为人们预料得到公意在那里是不会占优势的，而且最后也因为家务的操心吸引住人们的一切。好法律会使人制定出更好的法律，坏法律则会导致更坏的法律。只要有人谈到国家大事时说：这和我有什么相干？我们可以料定国家就算完了。

《社会契约论》

　　政府如果除了使人们服从以外不做别的事情，它在使自己为人所服从方面必将感到困难。如果说我们应该懂得如何根据人们是怎样的人就怎样来对待他们，那么最好还是使他们成为需要他们成为的那种人。最完全的权威要能洞悉人的内心深处，不仅关心他的行动，也要关心他的意志。长此以往，所有的人民一定都会变成政府使他们成为的那种人，即战士、公民和平民。如果政府想使他们成为这样的人的话；或是成为普通老百姓或贱民，如果政府想使他们成为这样的人的话。因此，那些轻视自己的子民的帝王，在自认无法使其子民成为值得尊敬的人时，他所侮辱的就是他自己。所以，你要想统率人，你就培养人；你希望他们服从法律，你就得使他们热爱法律，这样，他们所需要知道的，只是他们这样做的责任是什么。

《政治经济学》

我们很明白，当我们有了一个坏政府的时候，我们必须忍受它；但问题应该是，怎样才能找到一个好政府。

《社会契约论》

政府仅仅拥有公民、保护公民，是不够的；它还需要考虑公民的生计。公共的意志是一个明显的含义即是满足公共需要。这是政府第三个最重要的义务。我们应该认清，这种义务并不是要把个人的谷仓填满，从而让他们不稼不穑；而是要维持一种人们力所能及的充裕的供给，在取得这种供给时，劳动永远是必需的，有用的。

《政治经济学》

没有自由就不会有爱国思想；没有善行，何来自由；没有公民，也就无所谓善行；培养公民，你就有你所需要的一切东西；没有公民，则自国家的统治者以下，除了一些下贱的奴隶之外，你一无所有。培养公民并非一日之功，打算培养公民，就一定要从儿童时代教育起来。

《政治经济学》

大多数人都把城市认为是城邦，把市民认为是公民。他们不知道构成城市的是家庭，而构成城邦的是公民，正是这种错误昔日曾使得迦太基人付出过惨痛的代价。我不曾看到过公民这个称号是可以赋予任何君主之下的臣民的，即使对古代的马其顿人或者今天的英国人也是不可以的，尽管他们比其他一切人都更接近于自由。只有法国人到处滥用公民这个名字，因为他们对这个名字并没有任何真正的观念，这从他们的字典里就可以看得出来，不然的话，他们就要犯大逆不道的谋篡罪了。这个名词在法国人仅表示一种德行，而不是一种权利。当鲍丹想要论述我们的公民与市民的时候，他却误此为彼，因而铸成了大错。达朗贝先生没有陷入这种错误，并且在他的《日内瓦》一条里，很好地区别了我们城市之中的所有的四等人（或者五等人，如果算上纯粹的异邦人的话），而其中组成共和国的则只有两等人。就我所知，没有别的法国作家是了解公民这个名词的真正意义的。

《社会契约论》

社会的种种不都是为富贵人家安排的吗？所有能够生财的位置不都在他们手里吗？种种特权和免役权不只是为他们设置的吗？政府机关不总是袒护他们吗？一个有地位的人抢夺了他的债权人，或者犯了其他不法行为，他不是可以终免于罪吗？大人物所犯的打人、强奸、暗杀甚至谋杀罪，不都是不出几个月就暗中了结不再有人过问的事情吗？但是如果一个大人物被人劫或伤害，全部警察就立刻出动，甚至许多偶被怀疑的无辜者都跟着遭殃。如果他要经过一条危险的道路，地方上就要武装起来来保护他。如果他的马车断了车轴，每个人都要跑来帮助他。如果他的大门口有人说话，他只要一张口，马上肃静。如果路上的人挡了他的道，他一挥手，别人就都得躲开。如果他的官车在路上碰上一轮大车，他的仆役就会把赶车人打得头破血流，甚至把四五十个不管闲事的老老实实的过路人，也要当头打上一顿，因那懒散的花花公子呆在车里不能前进。然而这些事用不着他破费一个铜板。这是阔人的权利，并不是用钱买来的，穷人的情形是多么不同啊！从人道上看，他应该得到的越多，社会给予他的反越少。所有的门都对他关闭着，即使在他有权叫它开着的时候也不行。即使有一天他获得了公道，他为此而碰到困难，也要比别人得到偏袒时所费的精神大得多。到了招募民兵或修筑公路的时候，永远是先找到他的头上。有钱的邻居能够免掉的负担，总是由他去担负起来。当他偶尔遭到小小的不幸时，人人都躲避起来。如果他的车翻在马路上，不要说没有人会来帮助他，他要不叫某一王孙公子的卤莽仆从抽打一顿，就算他有运气。总而言之，当穷人们需要好意的帮助时，他们所以总得不到，正是因为他们无力拿出代价来。我看无论哪个穷人，只要他不幸而有一颗好心，一个美丽的女儿和一个强横的邻居，他就倒楣透顶了。

《政治经济学》

每个政治社会都是由另外一些不同种类的小社会组成的，每个这样的小社会都具有它自己的利害关系和行为准则。但是，在国家里面真正存在的社会，倒不限于因拥有外表与公认的形式而为人人知觉的那些社会。因共同的利害关系而联合起来的一切个人也组成许多其他组合，这些组合或者是暂时性的，或者是永久性的，它们的势力决不因为并不十分明显而不是实际存在着的。而好好地观察它们的种种关系，是一项关于社会道德与社会习俗的实际知识。所有这些有形、无形的组合，通过它们的意志的影响，也造成了许多形形色色的公共意志的变形。这些个别的社团的意志经常具有双重关系；对社团内部成员说来，它是公共意志；对大社会而言，它却是个别意志；而且，它对前者来说往往是正确的，而对后者说来则往往是错误的。一个人可能是一个虔诚的神父、勇敢的战士或热诚的元老院议员，但却是一个很坏的公民，一项决议可能有利于较小的团体，而不利于较大的团体。诚然，某些社团既然总是比其他社团先从属于共同社会，公民的义务就在元老院议员的义务之上，而一个普通人的义务又在一个公民的义务之上；但不幸的是个人利益往往和义务形成反比，且随着社团规模的日益缩小，以及协约的神圣性的日益减少，而日益扩大。这无可反驳地证明：最普遍的意志往往也就是最公正的意志，而人民的意见实际上就是上帝的意见。

《政治经济学》

科学·教育

我一想起赐给了我生命的那位有道德的公民的音容，一种最甜蜜的情感便油然而生。他在我幼年时代，常常教导我应当尊敬你们。我好像还在看见他，依靠他的双手来维持生活，用最崇高的真理滋养他的心灵。现在我眼前还有这样的影子；塔西佗、普鲁塔克和格考秀斯的著作和这位公民职业上的各种用具杂陈在他的面前。我仿佛还看他那亲爱的儿子在他身旁领受着最慈祥的父亲的良好教育，可惜这个儿子从他父亲的教育中并没有得到什么效果。不过尽管我在荒唐的青年时代误入歧途，使我在一个时期内忘记了那么明智的教训，但是我很幸运地终于体会到：不论一个人怎样倾向于邪恶，一颗慈爱的心给予他的教育，是不会永远不对他起作用的。

《论人类不平等的起源和基础》

不管怎样，这次认领失败并未使我怎样不快，假使我从这孩子出生时起就注视着他的命运，我还会更不快呢。而且万一人家根据线索，随便拿一个孩子算作我的，我心里一定会问这真是我的孩子呢还是人家换了一个假的呢。这种怀疑会使我因无法断定而心中难受，我也就不能领略到真正的自然情感的全部美妙：要想维持这种情感，是需要双方朝夕相处的，至少是在孩子的童年时代。孩子你并不认识，又长期不在身边，这就会削弱、终至破坏你为父母的感情，你永远不会对放在别人家里奶大的孩子和放在身边养大的孩子同样疼爱。

《忏悔录》

在诚挚的、相互的依恋之中，我已经投进了我心灵的全部缱绻之情，而这颗心灵中的空虚却从来没有好好地填充起来。孩子们出世了，这空虚原可以拿孩子来填充的；而事实上却更糟。我一想到要把孩子们托付给这样一个没有教育的家庭，结果会教得更坏，心里便发抖。

《忏悔录》

要教育你的学生爱一切的人，甚至爱那些轻视人民的人，要使得他不置身于任何一个阶级，而必须同全体人民在一起。在他面前谈到人类的时候，必须带着亲切甚至带着同情的口吻，切不可说什么看不起人类的话。人，是绝不能说人类的坏话的。

《去爱人类》

正是应该通过这些同别人走过的道路截然相反的途径去深入青年人的心，以便激发他最初的自然的情感，使他的心胸开阔，及于他的同类；我还要指出，重要的是，在他的自然的情感中，尽量不要掺杂个人的利益，尤其是不要掺杂虚荣、竞争、荣耀以及那些使我们不能不同别人进行比较的情感；因为这样比较的时候，就必然会对那些同我们争先的人怀有仇恨，就必然会自己估计自己是应该占先，所以，这样一来，我们不盲目行动就必然会心怀愤怒，不成为坏人就会成为愚人。我们要尽量避免这种二者必居其一的情况。你也许会说："不管我们愿不愿意，这些如此有害的欲念是迟早会发生的。"这我不否认，每一种事物到了合适的时候和合适的地方就要发生，我只是说我们不应该帮助它们发生。

《去爱人类》

人类在社会的环境中，由于继续发生的千百种原因；由于获得了无数的知识和谬见；由于身体组织上所发生的变化；由于情欲的不断激荡等等，它的灵魂已经变了质，甚至可以说灵魂的样子，早已改变到几乎不可认识的程度。我们现在再也看不到一个始终依照确定不移的本性而行动的人；再也看不到他的创造者曾经赋予他的那种崇高而庄严的淳朴，而所看到的只是自以为合理的情欲与处于错乱状态中的智慧的畸形对立。

《领悟人类使命》

德行啊，难道非要花那么多的苦心与功夫才能认识你吗？你的原则不就铭刻在每个人的心里吗？要认识你的法则，不是只消反求诸己，并在感情宁静的时候谛听自己良知的声音就够了吗？这就是真正的哲学了，让我们学会满足于这种哲学吧！让我们不必嫉妒那些在文坛上永垂不朽的名人们的光荣；让我们努力在他们和我们之间划出人们以往是在两个伟大的民族之间所划的那条光荣的界限吧，让他们知道怎样好好地说，让我们知道怎样好好地去做吧。

《科学与艺术的复兴是否有助于敦风化俗》

真理的教育不在于口训而在于实行。

《爱弥儿》

世上的权威啊！爱惜才华吧，保持那些在培养才华的人物吧！文明的民族啊，培养他们吧！这些快乐的奴隶们啊，都是靠了他们，

卢梭的忏悔

你们才有了你们所引以为荣的那种精致而美妙的趣味，才有了那种性格的温良恭俭以及风尚的彬彬有礼，从而才使得你们之间的交际如此密切又如此容易；一言以蔽之，你们才可以没有任何德行而装出一切有德行的外表。

《科学与艺术的复兴是否有助于敦风化俗》

当我一面探测自己，一面观察别人，来寻求这种种不同的生活方式究竟是从何而来的时候，我发现生活方式大部分是由外界事物的先人印象决定的。我们不断地被我们的感官和器官改变着，我们就不知不觉地在我们的意识、感情，乃至行为上受到这些改变的影响。我搜集的许许多多明显的观察资料都是没有争论余地的；我觉得这些观察资料，由于它们是合乎自然科学原理的，似乎很能提供一种外在的生活准则，这种准则随环境而加以变通，就能把我们的心灵置于或维持于最有利于道德的状态。

《忏悔录》

如果人懂得怎样强制生理组织去协助它所经常扰乱的精神秩序，那么，他就能使理性不出多少偏差，就能阻止多少邪恶产生出来啊！气候、季节、声音、颜色、黑暗、光明、自然力、食物、喧嚣、寂静、运动、静止——它们都对我们这部机器产生作用，因此也就对我们的心灵产生作用；它们都为我们提供无数的、近乎无误的方法，去把我们听其摆布的各种感情从其起源之处加以控制。这就是我的基本思想，我已经把纲要写出来了，并且我希望，对禀性良好，真诚地爱道德而又提防自己软弱的人们，我这个思想是准能产生效力的，我觉得用这个思想能很容易写出一部读者爱读、作者爱写的有趣的书来。然而，这部题为《感性伦理学或智者的唯物主义》的著作，我一直没有在上面花多少工夫。许多纷扰——读者不久就会知道其中原因的——阻止了我专心去写，人们将来也会知道我那份纲要的命运如何，它是出乎意料地与我自身的命运密切关联着的。

《忏悔录》

浪费时间是一桩大罪过。然而由文艺而产生的罪过却还要更坏得多。由于人们的闲暇与虚荣而产生的奢侈，就是其中的一种。奢侈很少是不伴随着科学与艺术的，而科学与艺术则永远不会不伴随着奢侈。

《科学与艺术的复兴是否有助于敦风化俗》

看一看人类是怎样通过自己的努力而脱离了一无所有之境，怎样以自己的理性的光芒突破了自然所蒙蔽着他的阴霾，怎样超越了

卢梭的忏悔

自身的局限而神驰于诸天的灵境，怎样像太阳一样以巨人的步伐遨游在广阔无垠的宇宙里，那真是一幅看到在各个方面人们都不惜巨大的代价设立无数的机构来教导青年以种种事物，但只有他们的责任心却被遗漏了。你们的孩子们不会说他们自己的语言，然而他们却会说那些在任何地方都用不着的语言；他们会作几乎连他们自己都看不懂的诗；他们虽不会辨别谬误和真理，却有本领用似是而非的诡辩使得别人无从识别，可是他们并不知道高尚、正直、节制、人道、勇敢这些名词究竟是什么；祖国这个可爱的名字永远也不会打进他们的耳朵里去……有一位贤人说过，我宁愿我的学生打网球来消磨时间，至少它还可以使身体得到锻炼。我知道必须让孩子们有所专心，怠惰乃是孩子们最可怕的危险。可是他们应该学习些什么呢？这就确乎是个大问题了。让他们学习做一个人所应该做的事，别去学那些他们应该忘却的事吧。

《科学与艺术的复兴是否有助于敦风化俗》

贤人哲士是决不追求财富的，然而他对于光荣却不能无动于衷了；当他看到光荣的分配是如此之不公平，他的德行——那是稍有一点鼓励就能激发起来，并可以使之有利于社会的——就会消沉而且会湮没于潦倒无闻之中的。这就是何以结果终于到处都要偏爱赏心悦目的才华而不爱真实有用的才华的缘故了；并且这种经验自从科学与艺术复兴以来，只是格外地在加强。我们有的是物理学家、几何学家、化学家、天文学家、诗人、音乐家和画家，可是我们再也没有公民了；或者说，如果还有的话，也是分散在穷乡僻壤，被人漠视和轻蔑而终于消逝的。那些给我们以面包的人、给我们孩子以牛奶的人所遭遇的情况便是如此，他们从我们这儿所获得的情感便是如此。

　　　　　　　　《科学与艺术的复兴是否有助于敦风化俗》

　　毫无疑问，存在着一种完全出自理性的普遍正义；但是要使这种正义能为我们所公认，它就必须是相互的。然而从人世来考察事物，则缺少了自然的制裁，正义的法则在人间就是虚幻的；当正直的人对一切人都遵守正义的法则，却没有人对他遵守时，正义的法则就只不过造成了坏人的幸福和正直的人的不幸罢了。因此，就需要有约定和法律来把权利与义务结合在一起，并使正义能符合于它的目的。在自然状态中，一切都是公共的，如果我不曾对一个人作过任何允诺，我对他就没有任何义务；我认为是属于别人的，只是那些对我没有用处的东西。但是在社会状态中，一切权利都被法律固定下来，情形就不是这样的了。

　　　　　　　　《科学与艺术的复兴是否有助于敦风化俗》

你按照天性，感到有必要使你的孩子们得到父亲的指导，以加速他们的成长。对这一点，我不感到奇怪。父亲肯定是最好的指导，但他不能什么都干。从他所作的安排中，我想你已决定由他负责，我坚持品质比学问重要，一个贤明的人比一个博学的人重要。我经常不厌其烦地重复，好的教育应该是纯粹否定性的，教育不是做，而是防止，真正的老师是本性，其他的老师只是排除妨碍成长的障碍，甚至错误也只随着邪恶而来，而好的判断则来自善良的心。儿童教育只不过是使儿童形成好的习惯。一个孩子长到12岁，身心健康，没有堕入懒惰和养成恶习，在二三年内，在学习方面，取得的真正进展比被强迫学习的同龄人要大，被强迫学习的人从来没有兴趣。根据这些我认为已由经验证实的原则，我得出的结论是：人们对孩子的家庭教师所要求的，不是出众的才能或好的性格，而只是能掌握自己和尽心尽责的品质。他应是温和、随时注意，特别是要有极大的耐心。这些都是不可缺少的品质。

《论教育》

既然人获得性知识的年龄，是随人所受的教育以及随自然的作用而有所不同，则由此可见，我们是能够以我们培养孩子的方法去加速或延迟这个年龄的到来的；既然身体长得结实或不结实，是随我们的延迟或加速这个发展的进度而定，则由此可见，我们愈延缓这个进度，则一个年轻人就愈能获得更多的精力。

《爱护纯真》

今天更精微的研究与更细腻的趣味已经把取悦的艺术归结成为一套原则了。我们的风尚流行着一种邪恶而虚伪的一致性，每个人的精神仿佛都是在同一个模子里铸出来的，礼节不断地在强迫着我们，风气又不断地在命令着我们；我们不断地遵循着这些习俗，而永远不能遵循自己的天性。我们再不敢表现真正的自己；而就在这种永恒的束缚之下，人们在组成我们称之为社会的那种群体之中既然都处于同样的环境，也就都在做着同样的事情，除非是其他更强烈的动机把他们拉开。因此，我们永远也不会明确知道我们是在和什么人打交道；甚至于要认清楚自己的朋友也得等到重大的关头，也就是说，要等到不可能再有更多时间的关头，因为唯有到了这种关头，对朋友的认识才具有本质的意义。

《科学与艺术的复兴是否有助于敦风化俗》

法律·规范

凡是不曾为人民所亲自批准的法律都是无效的,那根本就不是法律。

《社会契约论》

当正直的人对一切人都遵守正义的法则却没有人对他遵守正义的法则时,正义的法则就只不过造成了坏人的幸运和正直的人的不幸罢了。

《社会契约论》

虽然法律并不能规范风尚,但是使风尚得以诞生的却是立法。

《社会契约论》

一个人,不论他是谁,擅自发号施令就绝不能是法律;即使是主权者对于某个个别对象所发出的号令,也决不能是一条法律,而只能是一道命令。

《社会契约论》

那么,什么是政府呢?政府就是在臣民与主权者之间所建立的一个中间体,以便两者得以互相适应,它负责执行法律并维持社会的以及政治的自由。

《社会契约论》

制定法律的人来执行法律,这对于立法者来说,并不是一件好事。

《社会契约论》

一个经常能治理得很好的人民,是不会需要被人统治的。

《社会契约论》

法律既然只不过是公意的宣告,所以十分显然,在立法权力上人民是不能被代表的,但在行政权力上,人民则是可以并且应该被代表的,因为行政权力不外是把力量运用到法律上而已。

《社会契约论》

人们何以会那样地尊敬古老的法律？那就正是因为这个缘故了。人们愿意相信，唯有古代意志行为的美德才能把那些法律保存得如此悠久；如果主权者不是在始终不断地承认这些法律有益的话，他早就会千百次地废除它们了。这就是何以在一切体制良好的国家里，法律不但远没有削弱，反而会不断地获得新的力量的原因；古代的前例使得这些法律日益受人尊敬。反之，凡是法律愈古老便愈削弱的地方，那就证明了这里不再有立法权，而国家也就不再有生命了。

《社会契约论》

法律的力量只能施之于中等阶级；它们对于穷人的富是和对于富人的贫乏都无能为力。富人嘲弄它们，而穷人却躲避他们。前者冲破法网，而后者穿过法网。

《政治经济学》

人啊，别再问是谁作的恶了，作恶的人就是你自己。除了你自己所作的和所受的罪恶以外，世间就没有其他的恶事了。而这两种罪恶都来源于你的自身。我认为万物是有一个毫不紊乱的秩序的，普遍的灾祸只有在秩序混乱的时候才能发生。个别的灾祸只存在于遭遇这种恶事的人的感觉里，但人之所以有这种感觉，不是由大自然赐予的，而是由人自己造成的。任何一个人，只要他不常常想到痛苦，不瞻前顾后，他就不会感觉到什么痛苦。

《痛苦与幸福》

凡是实行法治的国家——无论它的行政形式如何——我就称之为共和国；因为唯有在这里才是公共利益在统治着，公共事物才是作数的。一切合法的政府都是共和制的。

《论法律》

由于社会公约，我们就赋予了政治体以生存和生命；现在就需要由立法来赋予它以行动和意志了。因为使政治体得以形成与结合的这一原始行为，并不就能决定它为了保存自己还应该做些什么事情。

《论法律》

法律既然结合了意志的普遍性与对象的普遍性，所以一个人，不论他是谁，擅自发号施令就绝不能成为法律；即使是主权者对于某个个别对象所发出的号令，也绝不能成为一条法律，而只能是一道命令；那不是主权的行为，而只是行政的行为。

《论法律》

卢梭的忏悔

我考虑那种他们（犹太人）自诩为得之于上帝的法律，而我发现它是可赞美的。它是一切法律中最早的法律，正是这种神圣的声音，向每个公民讲授公共理智的箴言，并教导他们按照自己的判断准则行事，而不要自相矛盾地行动。政治上的统治者发号施令时，只能根据这种声音来对人们讲话。因为一个人一旦把法律放在一边而使别人服从他的私人意志时，他就马上背离了文明社会状态，而使自己面临着纯粹的自然状态，在这种状态里，人们的服从完全是出于迫不得已。

《政治经济学》

我要探讨的是在社会秩序之中，从人类的实际情况与法律的可能情况着眼，能不能有某种合法的而又确切的政权规则。

《社会契约论》

如果每个国家只能有一种建立秩序的好方法，那么人民发现它以后，就应该坚持它；但是，已经确立的秩序如果很坏，那么人们为什么要把这种足以妨碍他们美好生活的法律作为根本法呢？何况，无论在什么情况下，人民永远是可以做主改变自己的法律，哪怕是很好的法律；因为，人民若是喜欢自己损害自己的话，谁又有权禁止他们这样做呢？

《社会契约论》

我们应当避免……把野蛮人和我们日常所见到的人混为一谈。自然用一种偏爱来对待所有在它照管之下的那些动物，这种偏爱好像是在表示自然如何珍视它对这些动物加以照管的权利。在森林里的马、猫、雄牛甚至驴子，比在我们家里所饲养的大都有更高大的身躯，更强壮的体质，更多的精力、体力和胆量。它们一旦变成了家畜，这些优点的大部分都会消失，而且可以说，我们照顾和饲养这些牲畜的一切细心，结果反而使它们趋于退化。人也是这样，在他变成社会的人和奴隶的时候，也就成为衰弱的、胆小的、卑躬屈节的人；他的安乐而萎靡的生活方式，把他的力量和勇气同时消磨殆尽。而且野蛮人和文明人之间的差异，比野兽和家畜之间的差异必然还要大一些。因为自然对人和兽虽然一视同仁，而人给自己比他所驯养的动物安排的种种享受要多得多，这便是人的退化所以更为显著的特殊原因。

《论不平等的起源》

要想在法律的保护之下寻求自由，那是徒劳的。法律！哪里有法律？哪里的法律是受到尊重的？你到处都看到，大家正是借法律的名义追逐个人的利益和欲念。然而，自然的和秩序的永恒的法则是存在着的。对睿智的人来说，它们就是成文的法律；它们通过良心和理智而深深地刻画在人们的心里；要想自由，就必须服从这些法则；只有做坏事的人才会变成奴隶，因为他在做坏事的时候，总是违背了他自己的心的……自由是存在于自由的人的心里的，他走到哪里就把自由带到哪里。一个坏人不管走到哪里都是受到束缚的。即使在日内瓦，坏人也是奴隶；而自由的人，即使在巴黎也能享受他的自由。

《爱弥儿》

法律的力量，与其说依存于执法者的严厉，不如说依存于本身的智慧。而公共意志的极为巨大的力量乃来自指挥公共意志的理智。所以，柏拉图认为给每条法令冠以前文，阐明其公平和效用，是一非常必要的预防手段，事实上，尊重法律是第一条重要的法律；而严厉的惩罚只是一种无效的手段，它是气量狭小的人所发明的，旨在用恐怖来代替他们所无法得到的对法律的尊重。经常有人说，刑罚最重的国家，用刑的次数最多，所以刑罚的残酷只不过是证明罪犯众多；对任何事情都绳之以同等严厉的法律，往往会诱使自觉有罪的人去犯罪，以逃避应受的惩罚。

《政治经济学》

并非只有正直的人才懂得如何执行法律，但实际上只有好人才懂得如何遵守法律。人一旦战胜了良心的责备，便不会怕那些并不那么严厉且为时较短而又有逃脱的希望的惩罚。无论作了怎样的防范，那些只求免于惩罚以便为非作歹的人，总会如愿以偿地找到逃避法律惩罚的方法。

《政治经济学》

一个为非作恶的人，既然他是在攻击社会权利，于是便由于他的罪行而成为祖国的叛逆；他破坏了祖国的法律，所以就不再是国家的成员，他甚至是在向国家开战。这时保全国家就和保全他自身不能相容，两者之中将有一个必须毁灭。对罪犯处以死刑，这与其说是把他当作公民，不如说是把他当作敌人。起诉和判决就是他已经破坏了社会条约的证明，因此他就不再是国家的成员了，而且既然他因为自己居留在那里而自认为是国家的成员，那么就应该把他当作公约的破坏者而流放出境，或者是当作一个公共敌人而处以死刑。因为这样的一个敌人并不是一个有德之人，而仅仅是个人罢了；并且唯有这时候，战争的权利才能是杀死被征服者。

《社会契约论》

立法权是属于人民的,而且只能是属于人民的。反之,根据以前所确定的原则也很容易看出,行政权力并不能具有像立法者或主权者那样的普遍性;因为这一权力仅仅包括个别的行动,这些个别的行动根本不属于法律的能力,从而也就不属于主权者的能力,因此主权者的一切行为都只能是法律。

因此,公共力量就必须有一个适当的代理人来把它结合在一起,并使它按照公意的指示而活动;他可以充当国家与主权者之间的联系,他对公共人格所起的作用很有点像是灵魂与肉体的结合对一个人所起的作用那样。这就是国家之中所以要有政府的理由;政府和主权者往往被人混淆,一切合法的政府都是共和制。

《社会契约论》

唯有一种法律,就其本性而言,必须要有全体一致的同意,那就是社会公约。因为政治的结合乃是全世界上最自愿的行为;每一个人既然生来是自由的,并且是自己的主人,所以任何别人在任何可能的借口之下,都不能不得他本人的认可就役使他。断言奴隶的儿子生来就是奴隶,那就等于断言他生来就不是人。

可是,如果在订立社会公约的时候出现了反对者的话,这些人的反对也并不能使契约无效,那只不过是不许把这些人包括在契约之内罢了;他们是公民中间的外邦人。但是在国家成立以后,则居留就构成了同意；而居住在领土之内也就是服从主权。

除去这一原始的契约而外，投票的大多数是永远可以约束其他一切人的，这是契约本身的结果。但是人们会问：一个人怎么能够是自由的，而又被迫要遵守并不是属于他自己的那些意志呢？反对者怎么能够既是自由的，而又要服从为他们所不曾同意的那些法律呢？

我要回答说，这个问题的提法是错误的。公民是同意了一切法律的，即使是那么违反他们的意志而通过的法律，即使是那些他们若胆敢违反其中的任何一条都要受到惩罚的法律。国家全体成员的经常意志就是公意；正因为如此，他们才是公民并且是自由的。当人们在人民大会上提议制定一项法律时，他们向人民所提问的，精确地说，并不是人民究竟是赞成这个提议还是反对这个提议，而是它是不是符合公意；而这个公意也就是他们自己的意志。每个人在投票时都说出了自己对这个问题的意见，于是从票数的计算里就可以得出公意的宣告。因此，与我相反的意见若是占了上风，那并不证明别的，只是证明我错了，只是证明我所估计是公意的并不是公意。假如我的个别意见居然胜过了公意，那么我就是做了另一桩并非我原来所想要做的事；而在这时候，我就不是自由的了。

当然，这要假定公意的一切特征仍然存在于多数之中；假如它在这里面也不存在的话，那么无论你赞成哪一边，总归是不再有自由可言的。

《社会契约论》

既然任何人对于自己的同类都没有任何天然的权威，既然强力并不能产生任何权利，于是便只剩下约定才可以成为人间一切合法权威的基础。

《社会契约论》

有千百个从不能忍受良好法律的民族都曾在世上煊赫过，而且纵然那些能够忍受良好法律的民族，也只是在他们全部岁月里的一个极为短暂的时期内做到了这一点。大多数民族，犹如个人一样，只有在青春时代才是驯顺的；他们年纪大了，就变成无法矫正了。

《社会契约论》

一切法律之中最重要的法律既不是铭刻在大理石上，也不是铭刻在铜表上，而是铭刻在公民们的内心里；它形成了国家的真正宪法；它每天都在获得新的力量；当其他的法律衰老或消亡的时候，它可以复活那些法律或代替那些法律，它可以保持一个民族的创制精神，而且可以不知不觉地以习惯的力量代替权威的力量。我说的就是风尚、习俗，尤其是舆论；这个方面是我们的政论家所不认识的，但是其他一切方面的成功全都有系于此。这就正是伟大的立法家秘密地在专心致力着的方面了；尽管他好像把自己局限于制定个别的规章，其实这些规章都只不过是穹隆顶上的拱梁，而唯有慢慢诞生的风尚才最后构成那个穹隆顶上的不可动摇的拱心石。

《社会契约论》

起诉和判决就是他已经破坏了社会条约的证明，因此他就不再是国家的成员了，而且既然他因为自己居留在那里而自认为是国家的成员，那么就应该把他当作公约的破坏者而流放出境，或者是当作一个公共敌人而处以死刑。因为这样的一个敌人并不是一个有德之人，而仅仅是个人罢了，并且唯有这时候，战争的权利才能是杀死被征服者。

《社会契约论》

平等·自由

有一个时期,我相当准确地执行我订的作息时间,觉得很满意;但是当明媚的春光把埃皮奈夫人更频繁地引到埃皮奈或舍弗莱特来的时候,我就发现,有些事,起先并不怎样叫我劳神,也没有怎么在意,现在就很搅乱我的计划了。我已经说过,埃皮奈夫人有些很可爱的优点;她很爱她的朋友,热心为他们效劳;她既然为朋友不惜时间,不惜精力,那么她也就理应得到朋友们对她的关怀。直到那时为止,我尽着这个义务,并不感到是一个负担;但是最后我认识到,我是给拴上了一条锁链,只是由于友情才使我感觉不到它的分量;由于我憎恶和许多宾朋应酬,我又把这锁链的分量加重了。埃皮奈夫人就利用我的这种憎恶向我提出一个建议,表面上于我方便,实际上于她更方便,这建议就是:每逢她一人在家或者差不多是一人在家的时候,她就派人来通知我。我同意了,没有看出我是承担了什么义务。这个成约的自然结果就是,从此我不是在我方便的时候去看她，而是在她方便的时候去看她，因此我就永远没有把握能有哪天让我自由支配了。这种约束大大损害了我在此以前去探望她时所一直感到的那种乐趣。我发觉，她那么再三再四许给我的那种自由，只是以我永远不加以利用为条件的；有一两次我想试试这个自由，她立刻就派上那么多的人来打听消息，给我写了那么多的便条，为我的健康表现出那么多的大惊小怪，以致我看得很清楚，要想拒绝召之即去，只有借口病得不能起床了。

《忏悔录》

"要寻找出一种结合的形式，使它能以全部共同的力量来卫护和保障每个结合者的人身和财富，并且由于这一结合而使每一个与主体相联合的个人又只不过是在服从自己本人，并且仍然像以往一样地自由。"这就是社会契约所要解决的根本问题。

这一契约的条款乃是这样地被订约的性质所决定，以致于就连最微小的一点修改也会使它们变成空洞无效的；从而，尽管这些条款也许从来就不曾正式被人宣告过，然而它们在普天之下都是同样的，在普天之下都是为人所默认或者公认的。这个社会公约一旦遭到破坏，每个人就立刻恢复了他原来的权利，并在丧失约定的自由时，就又重新获得了他为了约定的自由而放弃的自己的天然的自由。

《论社会公约》

卢梭的忏悔

我情愿生在这样一个国家：在那里主权者和人民只能有唯一的共同利益，因之政治机构的一切活动，永远都只是为了共同的幸福。这只有当人民的主权者同一的时候才能做到。因此，我愿意生活在一个法度适宜的民主政府之下。

我愿意自由地生活，自由地死去。也就是说，我要这样地服从法律：不论我还是其他任何人，都不能摆脱法律的光荣的束缚。这是一种温和而有益的束缚，即使是骄傲的人，也同样会驯顺地受这种束缚，因为他不是为了受任何其他束缚而生的。

《献给日内瓦共和国》

我将寻找一个幸福而安宁的共和国作为我的祖国：这个国家一切腐朽衰老的东西，都已在某种程度上逐渐消失于久远的岁月中，它所遭受过的种种侵害正好足以发扬和巩固公民们的勇敢和对祖国的热爱。这个共和国的公民，久已习惯于富于理智的独立自主，因此他们不仅是自由的，而且不愧是自由的。

《献给日内瓦共和国》

如果这种生活是合我口味的，花大钱去买快乐，倒也可以聊以自慰，可是倾家荡产去买苦吃，这就太难堪了。我痛感这种生活方式的沉重压力，所以我就利用当时那一段自由生活的间隙，下决心把这种自由生活永远继续下去，完全放弃上层社交界，放弃写书工作，放弃一切文学活动，终我之身，隐遁在我自觉生而好之的那种狭小而和平的天地里。

《忏悔录》

凡是自然界中根本不存在的事物都会有其不便，而文明社会比起其他一切来就更加如此。的确是有这种不幸的情况，在这种情况下，人们不以别人的自由为代价便不能保持自己的自由，而且若不是奴隶极端地作奴隶，公民便不能完全自由。斯巴达的情况就是如此。至于你们这些近代的人民，你们是根本没有奴隶的，然而你们自己就是奴隶；你们以你们自己的自由偿付了他们的自由。你们曾大事夸耀你们的这种偏好，然而我发现其中却是怯懦更多于人道。

所有这一切，我的意思绝不是说非有奴隶不可，更不是说奴役权是合法的，因为我已经证明了恰好与此相反。这里我只是说明，何以自以为是自由的近代人民竟要有代表以及何以古代的人民竟没有代表的原因。

《社会契约论》

在出生的时候，孩子就会啼哭；他的婴儿时期就是在啼哭中度过的。有时候，人们为了哄他，就轻轻地摇他两下，夸他几句；有时候，人们为了不许他吵闹，就吓他，就打他。要么，他喜欢怎么做我们就怎么做，要么，我们硬要他照我们的意思做；不是我们顺从他奇奇怪怪的想法，就是我们要他顺从我们奇奇怪怪的想法；折中的办法是没有的，不是他命令我们，就是我们命令他。

《爱弥儿》

我愿意选择这样一个国家作为我的祖国：它幸运地没有强大的力量，因之没有征服他国的野心，同时更幸运地由于它所处的地位也没有被别国征服的恐惧。它是处在许多国家中的一个自由的城市，这些国家不但没有一国有意侵略它，而且每一个国家还注意防止其他的国家来侵略它。总之，它是一个不但不会引起邻邦的野心，而且于必要时还可以合理地指望邻邦的帮助的共和国。因此，处在这样的幸运的地位中，我们可以想见这个国家除了它自己本身以外，没有什么可怕的。公民们所以要接受军事训练，与其说是由于准备自卫的需要，勿宁说是为了保持尚武的精神和英勇的气概。这种尚武的精神和英勇的气概，是最适合于自由，最能助长对自由的爱好的。

《论人类不平等的起源和基础》

我现在就要指出构成全部社会体系的基础，以便结束本章与本卷：那就是，基本公约并没有摧毁自然的平等，反而是以道德的与法律的平等来代替自然所造成的人与人之间身体上的不平等；从而，人们尽可以在力量上和才智上不平等，但是由于契约并根据权利，却是人人平等的。

《社会契约论》

确切说来，法律只不过是社会结合的条件。服从法律的人民就应当是法律的制定者，规定社会条件的只能是那些组成社会的人们。

《社会契约论》

如果我们探讨，应该成为一切立法体系最终目的的全体最大的幸福究竟是什么，我们便会发现它可以归结为两大主要的目标，即自由与平等。自由，是因为一切个人的依附都要削弱国家共同体中同样大的一部分力量；平等，是因为没有它，自由便不能存在。

《社会契约论》

至于平等，这个名词绝不是指权力与财富的程度应当绝对相等；而是说，就权力而言，则它应该不能成为任何暴力并且只有凭职位与法律才能加以行使；就财富而言，则没有一个公民可以富得足以购买另一人，也没有一个公民穷得不得不出卖自身。

《社会契约论》

要想使国家稳固，就应该使两极尽可能地接近；既不许有富豪，也不许有赤贫。这两个天然分不开的等级，对于公共幸福同样是致命的；一个会产生暴政的拥护者，而另一个则会产生暴君。他们之间永远是在进行着一场公共自由的交易：一个是购买自由，另一个是出卖自由。

《社会契约论》

全体公民既然根据社会契约是人人平等的，所以全体就可以规定什么是全体所应该做的事，同时又没有一个人有权要求别人去做他自己所不做的事。

《社会契约论》

生为一个自由国家的公民并且是主权者的一个成员，不管我的呼声在公共事务中的影响是多么微弱，但是对公共事务的投票权就足以使我有义务去研究它们。我每次对各种政府进行思索时，总会十分欣幸地在我的探讨之中发现有新的理由来热爱我国的政府！

《论自由》

"当人民被迫服从而服从时，他们做得对；但是，一旦人民可以打破自己身上的桎梏而打破它时，他们就做得更对。因为人民正是根据别人剥夺他们的自由时所根据的那种同样的权利，来恢复自己的自由的，所以人民就有理由重新获得自由；否则别人当初夺去他们的自由就是毫无理由的了。"社会秩序乃是为其他一切权利提供了基础的一项神圣权利。然而这项权利绝不是出于自然，而是建立在约定之上的。

《论自由》

我认为在人类中存在两种不平等：其一，我称之为自然的或生理上的不平等，因为它是基于自然，由年龄、健康、体力及智慧或心灵的性质不同而产生的；另一种可称为精神上或政治上的不平等，因为它是依据一种协议，基于或至少是大家认可它的存在而产生的。后一种不平等包括一些人由于损害别人而得以享受的各种特权，例如，比别人更富有、更光荣、更有权势，甚或有能力使别人服从他们。

《论人类不平等的起源和基础》

我已经叙述了不平等的起源和进展、政治社会的建立和流弊。

我所论述的这些事物，是尽量以仅凭理性知识就可以从人类本性中推究出来的为限，并未借助那些对最高权力予以神法上认可的神圣教义。

《论人类不平等的起源和基础》

普芬道夫说，人既可以根据协议与契约把自己的财产让与别人，同样也可以为了有利于某人而抛弃自己的自由。我认为这是一种非常拙劣的推理。因为，首先，我们把财产让与别人以后，这项财产就变成完全与我无关的东西了，如果别人滥用它，也与我不相干；但是，人们要滥用我的自由，则不能与我无关，因为我不能去冒那种使自己成为犯罪工具的危险，而又不使自己成为别人强迫我所犯罪恶的罪人。此外，所有权不过是人类惯例的一种协约，因此人人能够随意处分他所有的东西。但是，人类主要的天然禀赋，生命和自由，则不能与此相提并论，这些天赋人人可以享受，至于是否自己有权抛弃，这至少是值得怀疑的。

《论人类不平等的起源和基础》

就国家对它的成员而言，国家由于有构成国家中一切权利的基础的社会契约，便成为他们全部财富的主人；但就国家对其他国家而言，则国家只是由于它从个人那里所得来的最先占有者的权利，才成为财富的主人的。

　　最初占有者的权利，虽然要比最强者的权利更真实些，但也唯有在财产权确立之后，才能成为一种真正的权利。每个人都天然有权取得为自己所必须的一切，但是使他成为某项财富的所有者这一积极行为，便排除了他对其余一切财富的所有权。他的那份一经确定，他就应该以此为限，并且对集体不能再有任何更多的权利。这就是何以原来在自然状态中是那样脆弱的最初占有者的权利，却会备受一切社会人尊敬的缘故了。人们尊重这种权利的，更多地倒是并不属于自己所有的东西，而不是属于别人所有的东西。

《社会契约论》

　　一个人抛弃了自由，便贬低了自己的存在，抛弃了生命，便完全消灭了自己的存在。因为任何物质财富都不能抵偿这两种东西，所以无论以任何代价抛弃生命和自由，都是既违反自然也违反理性的。而且，纵使人们能像出让财产那样，把自由出让给别人，但对子女们来说，这两者之间的区别也是很大的。子女们享受父亲的财产，只是由父亲的权力转移而来的；而自由乃是他们以人的资格从自然方面所获得的禀赋，父母没有任何权利剥夺他们这种天然禀赋。那么，为了建立奴隶制，就必须违反自然，同样地，为了使这种权利永存下去，就必须变更自然。

《论人类不平等的起源和基础》

人们生而自由，但又无时不在枷锁之中。自以为是其他一切的主人的人，反而比其他一切更是奴隶。

当人民被迫服从而服从时，他们没有做错；但是，一旦人民可以打破自己身上的桎梏而打破它时，他们就更未做错。因为人民正是根据别人剥夺他们的自由时所依据的那种同样的权利，来恢复自己的自由的，所以人民就有理由重新获得自由；否则别人当初夺去他们的自由就是毫无理由的了。

《社会契约论》

这种人所共有的自由，乃是人性的产物。人性的首要法则是维护自身的生存，人性的首要关怀是对自身所应有的关怀。一个人一旦达到理智的年龄，可以自行判断维护自己生存的适当方式时，从此他就成为自己的主人。

《社会契约论》

尽管你认为我是一个拥护共和的人，你对一个"拥护共和者"并没有作出正确的判断。我崇拜自由。我也同样地憎恶统治和奴役。

《致伏尔泰的信》

放弃自己的自由，就是放弃自己的人格，就是放弃自己做人的权利甚或义务。对于一个放弃了一切的人，是无法加以保护的。这种弃权与人的天性是不相容的。取消了自我意志的一切自由，也就是取消了自我行为的一切道德性。

《社会契约论》

为了使社会契约不致形同空文，它不言而喻包含着这样一种规定，即只有这一规定才能使其他规定具有效力。任何不服从普遍意愿的人，就要被全体强迫服从。这就是说，人们要迫使他自由，因为这就是使每一个公民都有祖国，从而保证他免于一切人身依附的条件。这个条件是保障政治机器运转的关键，也是使社会规则成为合法的唯一条件。如果没有这一条件，社会规则便会是荒谬的、暴政的，并且会被严重滥用。

《社会契约论》

人类由于社会契约所丧失的，是他的天然的自由以及对于他试图得到和所能得到的一切东西的那种无限权利。他所获得的，是社会的自由以及对于他所享有的一切东西的所有权。为了在权衡二者时不致发生错误，我们必须清楚地区分仅仅以个人的力量为其界限的自然的自由，和被普遍意志约束的社会的自由，还要区别仅仅是由于强力的结果或者是最先占有权而形成的享有权，和只能是由正式的权利才奠定的所有权。

除上述以外，我们还应当在市民国家的收益项下再加上道德的自由，唯有道德的自由才使人类真正成为自己的主人，因为仅有欲望的驱使只是奴隶状态，而唯有服从人们自己为自己制定的法律，才是自由。

《社会契约论》

人类·自然

　　我设想，人类曾达到过这样一种境地，当时自然状态中不利于人类生存的种种障碍，在阻力上已超过了每个个人在那种状态中为了自存所能运用的力量。于是，那种原始状态便不能继续维持，并且人类如果不改变其生存方式，就会消灭。

　　然而，人类既不能产生新的力量，而只能是结合并运用已有的力量，所以人类便没有别的办法可以自存，除非是集合起来形成一种力量的总和才能够克服这种阻力，由一个唯一的动力把它们发动起来，并使它们共同协作。

《论社会公约》

　　大自然总是向最好的方面去做的，所以它才首先这样地安排人。最初，它只赋予他维持生存所必需的欲望和满足这种欲望的足够的能力。它把其余的能力通通都储藏在人的心灵深处，在需要的时候才加以发挥。

《科学与艺术的复兴是否有助于敦风化俗》

最不幸的是：人类所有的进步，不断地使人类和它的原始状态背道而驰，我们越积累新的知识，便越失掉获得最重要的知识的途径。这样，在某种意义上说，正因为我们努力研究人类，反而变得更不能认识人类了。

《领悟人类的使命》

不难看出，我们应该在人类体质连续的变化中，来寻求区分人们的各种差别的最初根源。大家都承认，人与人之间本来都是平等的，正如各种不同的生理上的原因使某些种类动物产生我们现在还能观察到的种种变形之前，凡属同一种类的动物都是平等的一样。不管那些最初的变化是怎么产生的，我们总不能设想这些变化使人类中所有的个体同时同样地变了质。实际上是有一些人完善化了或者变坏了，他们并获得了一些不属于原来天性的好的或坏的性质，而另一些人则比较长期地停留在他们的原始状态。这就是人与人之间不平等的起源。不过这样笼统地指出比较容易，但要确切地说明其中真正的原因就有些困难了。

《领悟人类的使命》

我们在书籍里所找到的那些定义，除了极不一致这一缺点外，还有一个缺点，就是：这些定义是从许多并非人类天然具有的知识中引申出来的，而是从人类只在脱离了自然状态以后才能考虑到的实际利益中引申出来的。因为很明显，禽兽没有智慧和自由意志，它们是不能认识这个法则的。但是，因为它们也具有天赋的感性，在某些方面，也和我们所具有的天性一样，所以我们认为它们也应当受自然法支配，人类对于它们也应担负某种义务。实际上，我所以不应当伤害我的同类，这似乎并不是因为他是一个有理性的生物，而是因为他是一个有感觉的生物。这种性质，既然是人与禽兽所共有的，至少应当给予禽兽一种权利，即在对人毫无益处的情况下，人不应当虐待禽兽。

《领悟人类的使命》

啊！人啊，不论你是什么地方人，不论你的意见如何，请听吧！这是你的历史，我自信我曾经读过它，但不是在你的那些喜欢撒谎的同类所写的书籍里读的，而是在永不撒谎的大自然里读的。出于

卢梭的忏悔

自然的一切都是真的,只有我于无意中掺入的我自己的东西,可能是假的。我所要谈的时代已经很遥远了,你已经改变了原来的状态,而且改变得那么大呀!我所要给你描述的,可以说是你这一种类的生活。这种描写是根据你所禀赋的性质,而这种性质可能已为你所受的教育和所沾染的习惯所败坏,不过尚未完全毁掉而已。我觉得有这样一个时代,个人会愿意停留在那里:你将会追寻你愿意整个人类在那里停留的那个时代。你不满意你的现状,由于种种原因预示着你的不幸的后裔将会感到更大的不满,所以你或许愿意能够倒退。这种感情无异于对你的始祖的颂扬,对你的同时代人的批评,而且也会使不幸生在你以后的人感到震惊。

《领悟人类的使命》

我要论述的是人,而我所研究的问题启示我应当向人们来论述,我想,害怕发扬真理的人,是不会提出这类问题的。所以,我不揣冒昧,在给我以鼓舞的贤达者们面前,为人类辩护。如果我不辜负这个论题和各位评判员的话,我将会感到满意。

《领悟人类的使命》

在我们对自然人丝毫没有认识以前,如果我们想确定自然人所遵循的法则，或者最适合于他的素质的法则，那是徒劳无功的。关于这个法则，我们所能了解得最清楚的就是：它不仅需要受它约束的人能够自觉地服从它，才能成为法则，而且还必须是由自然的声音中直接表达出来的，才能成为自然的法则。

《领悟人类的使命》

卢梭年谱

公元纪年	年龄	记事
1712		6月28日,诞生于瑞士日内瓦。
1719	7	略识字,能阅读。
1722	10	在地方牧师郎贝西埃处学习古典语文,兼学绘画、数学。
1724	12	由舅父领回家中。到公证人马斯龙家打杂。
1725	13	转到雕刻匠家做学徒。
1728	16	春季,不堪师父虐待,出逃。日内瓦近郊的神父介绍他投奔安纳西地方德·华伦夫人。得到德·华伦夫人之资助,去意大利都灵,改奉天主教。秋,到一个伯爵家当仆役,不久被逐。转到另一贵族家当差,趁机学习拉丁文,接触意大利音乐。
1729	17	回到德·瓦朗夫人处寄食。同住的音乐家凯特传授他许多音乐知识。

公元纪年	年龄	记事
1730	18	到神学校学习。
1731	19	涉猎英国《观察》等政治读物；注意法语修辞，勤恳练习写作。
1732	20	在尚贝里做土地测量工作。自学数学。
1733	21	寄居德·华伦夫人家，涉猎所藏学术著作。
1734	22	辞测量工作。代德·华伦夫人管家，协助经营家庭制药手工业。经常采集植物标本。
1735	23	接触早期启蒙家著作。
1736	24	到尚贝里附近沙尔米特养病。写诗《沙尔米特的果树园》，熟悉文坛书肆历史掌故。
1737	25	开展室内小型音乐会，经常作曲，钻研音乐理论。
1740	28	到里昂，在贵族官员马布里家担任家庭教师。
1742	30	携带自己发明的《新记谱法》去巴黎。结识唯物主义哲学家狄德罗。
1743	31	歌剧《风雅的缪斯》写成，他的音乐才能开始引起巴黎音乐界注意。教乐、抄音谱，维持生活。6月，离开巴黎，随法国驻威尼斯使节赴意，任其秘书。《新记谱法》以《论现代音乐》之名出版于巴黎。
1744	32	辞秘书职，返巴黎，仍以为剧团作曲、写剧本和抄乐谱度日。

207

公元纪年	年龄	记事
1747	35	秋，喜剧《冒失的婚约》写成。
1748	36	经狄德罗介绍，结识从荷兰来登学成归国的梯德里希。
1749	37	开始为狄德罗、达兰贝筹备的《百科全书》撰写音乐方面的一部分条目，按期交稿。去巴黎郊外万桑要塞监狱探望狄德罗。
1750	38	应征论文《论科学和艺术的复兴是否有助于敦风化俗》得奖。
1751	39	《百科全书》第1卷出版。
1752	40	《百科全书》第2卷出版。10月28日，喜剧《乡村巫师》在枫丹白露上演获得成功。国王路易十五有意召见他，并准备给他年金，卢梭回避。《论法国音乐的信》写成。发表关于饥荒的评论、长篇小说《复活》。
1753	41	《略论语言的起源》写成。《论法国音乐的信》出版。《皇家音乐学院一位乐队队员给乐队同事的信》出版。《百科全书》第3卷，狄德罗等坚持出版。
1754	42	《百科全书》第4卷出版。《论人类不平等的起源和基础》应征文写成，结果落选。
1755	43	4月，落选论文《论人类不平等的起源和基础》出版。11月，《百科全书》第5卷出版。《论政治经济学》发表于《百科全书》第5卷。

公元纪年	年龄	记　事
1756	44	以新著《论不平等》奉赠伏尔泰，伏尔泰阅后大为不满，复信道："我收到了你的反人类的新书，谢谢你。"开始写《新哀绿漪丝》。《百科全书》第6卷出版。
1757	45	对于狄德罗新作《私生子》的评价，和狄德罗本人的看法大相径庭，争辩结果终至闹翻。开始写《爱弥儿》。《百科全书》第7卷出版。
1758	46	《论政治经济学》单行本出版。3月，发表长信《和达朗贝先生论观赏的信》。
1759	47	开始写《社会契约论或政治权利原理》。
1760	48	德国剧作家魏塞来法国拜访卢梭。
1761	49	《阿尔卑斯山麓小城两位相恋居民的信札》出版于巴黎，受到读者热烈欢迎。《新哀绿漪丝》德译本出版。
1762	50	4月，《社会契约论》出版。《爱弥儿》或《论教育》出版。6月，巴黎大主教博蒙出面干涉《爱弥儿》的发行，9月，发出禁令要人们不读此书，11月，巴黎高等法院发出有关此书的禁令。卢梭从巴黎出逃，到日内瓦。适逢当局焚烧此书和《社会契约论》，并宣布追究作者，又逃往伯尔尼，辗转流亡到普鲁士管辖下的纳沙泰尔的莫尔季耶村。

公元纪年	年龄	记　事
1763	51	3月，发表《日内瓦公民卢梭给巴黎大主教克里斯托·德·博蒙的信》，4、5月取得纳沙泰尔州公民权，放弃日内瓦公民权。《百科全书·图册》第2、第3卷出版。
1764	52	出版《山中书简》。
1765	53	《科西嘉宪法草案》写成。《百科全书·图册》第4卷出版。
1766	54	随英国哲学家大卫·休谟离开巴黎，到英国避难。开始编写《植物学术语辞典》。年底《忏悔录》第1卷前篇，即前六章写成。
1767	55	《百科全书·图册》第5卷出版。
1768	56	7月，到格勒诺布进行植物学考察，以书简形式写下研究成果。开始和国内外植物学家通信。抄写乐谱以维持生活。《百科全书·图册》第6、第7卷出版。
1769	57	《英雄所需要的道德》写成。《忏悔录》第2卷写成。
1770	58	《忏悔录》第1卷后编，即后六章写成。手抄本开始在友人中间流传。《百科全书·图册》第8、第9卷出版。
1771	59	《百科全书·图册》第10、第11卷出版。
1772	60	《百科全书》整套28卷，文字17卷，图册11卷，全部出齐。

公元纪年	年龄	记　　事
1773	61	会见年轻的生物学家拉马克，两人开始往来。
1774	62	《对话录，或卢梭批判让·雅克》写成。10月，神话题材歌剧《匹克马梁》在法兰西歌剧院演出获成功。
1775	63	开始写《忏悔录》的补篇《一个孤独的漫游者的梦幻》。
1776	64	健康恶化，停止抄写乐谱，生计十分艰难。《百科全书·补篇》第3、第4卷和《图册·补篇》第1卷出版。《补篇》5卷出齐。
1777	65	7月2日，病逝，葬于爱尔蒙维尔附近圣·彼得岛，他生前所心神向往的地点。法国大革命后，1794年4月15日，革命政府迁葬卢梭灵柩于巴黎国葬所。